罗斯福政言录

高赟赟/编写　LUOSIFUZHENGYANLU

吉林教育出版社

图书在版编目(CIP)数据

罗斯福政言录 / 高赟赟编写. — 长春：吉林教育
出版社，2012.6（2018.2 重印）
（和谐校园文化建设读本）
ISBN 978－7－5383－8768－1

Ⅰ．①罗… Ⅱ．①高… Ⅲ．①罗斯福,F.
D.(1882～1945)－语录－青年读物②罗斯福,
F.D.(1882～1945)－语录－少年读物 Ⅳ.
①K837.127＝52

中国版本图书馆 CIP 数据核字(2012)第 116014 号

罗斯福政言录　　　　　　　　　　　　　　　　　　**高赟赟　编写**

策划编辑　刘　军　　潘宏竹
责任编辑　庞　博　　　　　　　　　　　　　**装帧设计**　王洪义
出版　吉林教育出版社(长春市同志街 1991 号　邮编 130021)
发行　吉林教育出版社
印刷　北京一鑫印务有限责任公司
开本　710 毫米×1000 毫米　1/16　　13 印张　**字数**　165 千字
版次　2012 年 6 月第 1 版　2018 年 2 月第 2 次印刷
书号　ISBN 978－7－5383－8768－1
定价　39.80 元

编 委 会

总 序

千秋基业，教育为本；源浚流畅，本固枝荣。

什么是校园文化？所谓"文化"是人类所创造的精神财富的总和，如文学、艺术、教育、科学等。而"校园文化"是人类所创造的一切精神财富在校园中的集中体现。"和谐校园文化建设"，贵在和谐，重在建设。

建设和谐的校园文化，就是要改变僵化死板的教学模式，要引导学生走出教室，走进自然，了解社会，感悟人生，逐步读懂人生、自然、社会这三部天书。

深化教育改革，加快教育发展，构建和谐校园文化，"路漫漫其修远兮"，奋斗正未有穷期。和谐校园文化建设的研究课题重大，意义重要，内涵丰富，是教育工作的一个永恒主题。和谐校园文化建设的实施方向正确，重点突出，是教育思想的根本转变和教育运行机制的全面更新。

我们出版的这套《和谐校园文化建设读本》，全书既有理论上的阐释，又有实践中的总结；既有学科领域的有益探索，又有教学管理方面的经验提炼；既有声情并茂的童年感悟，又有惟妙惟肖的机智幽默；既有古代哲人的至理名言，又有现代大师的谆谆教诲；既有自然科学各个领域的有趣知识，又有社会科学各个方面的启迪与感悟。笔触所及，涵盖了家庭教育、学校教育和社会教育的各个侧面以及教育教学工作的各个环节，全书立意深邃，观念新异，内容翔实，切合实际。

我们深信：广大中小学师生经过不平凡的奋斗历程，必将沐浴着时代的春风，吸吮着改革的甘露，认真地总结过去，正确地审视现在，科学地规划未来，以崭新的姿态向和谐校园文化建设的更高目标迈进。

让和谐校园文化之花灿然怒放！

本书编委会

目 录

危机篇：我们面对的是残酷的、无情的现实

我们美国人现在面对的不是什么抽象的理论，而是残酷的、无情的现实。

《罗斯福选集》 第 318 页

我看到三分之一的国民住不好，穿不好，吃不好。

我对大家描绘这个情景并不是由于灰心丧气。我描绘这个情景是抱着希望的——因为，全国看到了并且认识到这是非正义的，就会提出把它涂抹掉。

《罗斯福选集》 第 139 页

我知道，数百万家庭依靠极其微薄的收入勉强维持生活，而灾难的阴影时刻笼罩着他们全家。

《罗斯福：狮子与狐狸》 第 379 页

今天，一切私人的计划，一切私人生活的安排，从某种意义上来说，都被人类面临的一个巨大的危险所否定了。

《罗斯福：狮子与狐狸》 第 550 页

我但愿能够提出笼罩世界的阴影迅速消失的希望。我做不到。现

实迫使我坦白声明：更黑暗的时期可能还在前头。

《罗斯福选集》 第 236 页

有充分理由问一问，我们是否正在面临着倒退到野蛮时代的危险，面临着产生新的封建制度的危险，面临着由于企业家的高度集中的控制而不得不通过一部新的独立宣言的危险！

《轮椅总统——罗斯福》 第 134 页

国家正在步步走向死亡。

光是靠华盛顿呼吁提高信心，光是靠对靠不住的机构提供更多的贷款，是制止不住走下坡路的。

必须代之以适合紧急状况下严重而迫切需要的措施。

《罗斯福选集》 第 31—32 页

现在是非常时期，人们摇摆不定，哪怕是异端邪说也会有人跟着跑。不仅我国情况是这样，哪个国家都是如此。我看目前如按常规来考虑事务，恐怕暂时找不出新办法来。

《罗斯福与美国对外政策》 第 141 页

美国和平最危险的敌人莫过于那些对过去、现在和未来整个概况并不全面了解，却装作权威去讲话，说起来尽是光辉的原则，对全国作出对现在和未来都没有多大价值的保证或预言。

《罗斯福选集》 第 226 页

我们应该毫不自欺欺人地检讨一下我们面对着的危险。我们应该毫不自欺欺人地衡量一下自己的力量。

《罗斯福选集》　第 237 页

现在确实尤其有必要坦白而果敢地谈一谈真情实况，全部的真情实况。我们没有必要去躲闪，不去老老实实地面对我国今天的情况。

我们唯一值得恐惧的就是恐惧本身——会使我们由后退转而前进所需的努力陷于瘫痪的那种无名的、没有道理的、毫无根据的害怕。

《罗斯福选集》　第 14 页

在某些人士中，这种猝然的醒悟带来了恐惧，几乎近乎惊慌。

我过去不曾有那种幻想。我现在也没有这种恐惧。

然而，我们不要危言耸听和贬低自己的力量。还是把恐惧和幻想都丢掉吧。在这个安息日的夜晚，在我们自己的家中和我们的家人在一起，我们还是冷静地探讨一下我们已经做了些什么和必须做些什么吧。

《罗斯福选集》　第 245 页

缩进被窝，用被单蒙上头，并不能使我们逃避危险或摆脱面临危险的恐惧。

《轮椅总统——罗斯福》　第 386 页

我们在处理这些问题上不能从一厢情愿或感伤主义出发。我们面临的乃是铁一般的冷酷现实。

《罗斯福选集》　第 289 页

我们在这些暗淡的日子里所付的代价将是完全值得的，如果我们从中汲取教训，认识到我们不应该听天由命，而应该让命运为我们自己和我们的同胞服务。

《罗斯福选集》　第 15 页

　　不要让失败主义者对我们讲已经太晚了。永远再也不会更早了。明天就会比今天更晚。

《罗斯福选集》　第 267 页

　　要不倦地、无所畏惧地努力结束当前停滞不前、悲观绝望的状态。

《罗斯福：狮子与狐狸》　第 378 页

　　在这样的年月，我们会感到气馁，似乎事情都老一套，一成不变，无所作为，整个世界已衰败疲惫，秩序荡然。这就是消极的情绪，令人感到压抑和厌倦的消沉情绪。但是，我们再在美国环顾自己，一切事物都会证明我们是不该有那样一种情绪的。美国还是崭新的。它还处于变化和发展的过程中。

《罗斯福选集》　第 1 页

　　对美国的信心，对我们的个人负责传统的信心，对我们制度的信心，对我们自己的信心，都要求我们认识这古老社会契约的新目的。我们必须做到这一点，不然的话，我们大家都会被共同失败所引起的悲惨浪潮所吞没。但是，失败并不是美国的习惯，让我们在伟大的希望的激励下肩负起我们共同的重担吧！

《罗斯福选集》　第 13—14 页

在我们国家生活中每一个黑暗的时刻，直言不讳、坚强有力的领导都曾经得到人民的谅解和支持，从而保证了胜利。我坚信，在当前的危机时期，你们也会再一次对领导表示支持。

《罗斯福选集》 第 14 页

人类从每一次危机、每一次劫难、每一次灾祸中获得新生时，他们的知识变得更加广泛、道德更加高尚、目标更加纯洁。

《罗斯福外传》 第 186 页

在今天保持进步就比较困难。麻木不仁，缺乏责任心，以及残酷无情的自私自利，已经重新出现。繁荣的这些症状可能转变成灾难的征兆！繁荣已经在考验着我们坚持进步的决心。

《罗斯福选集》 第 138 页

情势中蕴孕着巨大危害的可能性。

《罗斯福选集》 第 197 页

足足有四年之久，接二连三的实际战争和经常危机震撼着全世界，件件都威胁着要引发今天已经不幸成为事实的巨大冲突。

任何地方的和平遭到破坏，一切地方所有国家的和平也就处于危险之中。

《罗斯福选集》 第 225—226 页

在美国面临这一新的危机时，我还是要对广大的美国人民群众说明这次危机对于他们的日常生活意味着什么。

面对着这次新的危机——对于我国安全的这一新的威胁——我们也要有勇气，也要从现实出发。

《罗斯福选集》 第 260—261 页

我现在断言，我们不仅要作出最大的努力来保卫我们自己，我们还将确保这种形式的背信弃义永远不会再危及我们。我这样说，相信是表达了国会和人民的意志。

敌对行动已经存在。无庸讳言，我国人民、我国领土和我国利益都处于严重危险之中。

《罗斯福选集》 第 324 页

不论普遍的生活水平可能有多么高，但我们的人民中仍有一部分人——不管是三分之一，或五分之一，或十分之一——在吃、穿、住方面仍很糟糕，而且没有保障，那么我们是不能容许的。

《罗斯福与美国对外政策：1932—1945 年》（下） 第 635 页

大批的失业公民面临严峻的生存问题，而艰苦劳动却所得甚微的也不在少数。只有愚蠢的乐天派才能否认眼前的暗淡现实。

《罗斯福选集》 第 14 页

当这块土地没有收获时，我们的祖先就移居到更好的地方。当时总有可能把边疆向前推进，然而现在边疆已经消失。

《罗斯福选集》 第 58 页

我们已经让全世界都知道，我们作为一个统一的国家意识到面临着的危险——为了应付这种危险，我们的民主已经行动起来。

《罗斯福选集》 第 281 页

朋友们，今天我们已经战胜了最危险的敌人，我们征服了恐惧心理。

但是，对各位坦率地说，世界上并没有就此太平无事。许多地方还笼罩着互相猜疑的阴云，存在着居心叵测、互不相容的恶浪。

《罗斯福选集》 第 124 页

当前的时代要求把我们的行动和我们的政策都主要地——几乎全部地——集中对付这种来自外部的危险。

今天已经十分清楚的是，各地的美国公民都认识到显而易见的危险，正在要求和支持迅速全面的行动。

《罗斯福选集》 第 274—275 页

坦白而肯定地说，前途是存在危险的——我们必须加以防范的危险。然而，我们知道得很清楚，爬到床底下用被单蒙上头，并不能使我们逃避开危险或对危险的恐惧。

《罗斯福选集》 第 263 页

你们大家一定要有信念；你们一定不要听信谣言和妄加猜测而惊慌失措。我们要团结起来消除恐惧。

《罗斯福选集》 第 30 页

我们面临着前所未有的险恶的严峻形势，我们的坚定决心是捍卫和维护民主的完整。

《罗斯福自述：走出危机》 第 226 页

就好像第一次世界大战时所面临的大危机一样，此次危机把全体国民推上了一场简单却至关重要的试验前沿："我们是继续一盘散沙、各自为战地接受失败还是像一个伟大的团队一样去行动以迎接胜利呢?"

《罗斯福自述：走出危机》 第 66 页

第二朵阴云——"国外战争"——是更为现实的——在此刻是对今后人类文明更为具体的危险。毫不奇怪，我们许多公民深感不安，唯恐某些国家重犯二十年前的错误，而竟使人类文明达到无法在世界范围内重新恢复的地步。

《罗斯福选集》 第 94 页

狂飙猛扫，混沌重现，一切文化花朵尽遭蹂躏，全体人类均皆夷灭。

《罗斯福选集》 第 152 页

纯粹从理论上说，你①跟我想的一样，但有时候我们必须修改某个原则，以适应严酷而令人不快的现实!

《罗斯福：狮子与狐狸》 第 330 页

---

① 你是指赫尔。

新的紧张已经出现；一场新的危机正在形成。同我们曾经保持友好外交和商务关系的好几个国家，已经丧失或正在丧失其独立身份和真正的主权。

《罗斯福选集》 第 230 页

在当前灾难随时能临头的日子里，瞬息万变而令人震惊的事态发展正迫使一切中立国家根据新的因素去研究自己的防务。现代进攻性战争的蛮力已经释放开来，到处扩散着恐怖。具有难以置信的速度和杀伤性的新的破坏力量已经产生；而掌握这种力量的又是一些凶残鲁莽的人。

《罗斯福选集》 第 237 页

我们的人口半数以上不再生活在农场上或土地上，并且不能靠耕种自己的产业来谋生。西部草原那种形式的安全阀已不存在，由东部经济结构造成失业的人，已不能到西部从头做起。我们也已不能邀请欧洲移民来分享我们的无限富裕。我们现在对自己人民提供的也只是单调的生活。

《罗斯福选集》 第 8 页

反思篇：在一半兴隆一半破产的
国家中不能持久繁荣

局势严重，现在需要我们冷静而认真地对待这种局势，要像研究致命细菌的学者那样，首先要弄清它们的性质、因果关系，最后找出战胜它们和防止它们所带来的灾难性后果的办法。

《轮椅总统——罗斯福》 第 137 页

我们的学校是严峻的，我们学得也是很快的，这样学到的教训一定不要忘记，即使在投机市场好转的精神麻木状态中也不要忘记。

《罗斯福选集》 第 13 页

危机来源于作为那不幸的十年的后果而产生的瘫痪，那十年的标志是疯狂地追求不应得的财富，以及几乎各行业的领导人都是只注视各自的投机取巧，而不愿看得更远一些。

《罗斯福选集》 第 63 页

在一半繁荣一半破产的国家里是不能达到持久繁荣的。

《罗斯福选集》 第 43 页

如果农村人口没有足够的购买力来购买新鞋、新衣服、新汽车，那么工业中心也要受苦。

《罗斯福正传》 第 300 页

任何国家，不论多么富裕，也承担不起人力资源的浪费。大量失业所造成的思想混乱才是我们最沉重的负担。它是我们社会秩序的最严重的精神威胁。

《罗斯福选集》 第 74 页

如果出现恶性的通货膨胀，就会动摇整个经济体制。物价和工资就上涨很快，以致威胁整个的生产计划。

《罗斯福选集》 第 372 页

对于未知危险的恐惧和担心足以造成社会不安和经济败坏。

《罗斯福选集》 第 60 页

在现代文明中，经济上的保皇派建立了新的家族割据，他们通过对物质财富的集中控制，建立起了新的王国。通过股份公司、银行和证券的新的作用，通过新的工农业结构、劳资结构——这一切都是前辈们所梦想不到的——现代生活的整个结构都被迫服务于这个新的特权阶层。

《罗斯福选集》 第 125 页

更令人震惊的是，看来如果集中的过程保持同样的速度，则在一个世纪以后，全部美国工业都将受挫于十几家公司，而掌握这些公司的大概不过百人。简言之，我们正在稳步走向经济寡头制，甚至已经进入了经济寡头制。

《罗斯福选集》 第 9 页

嫁接在自由经营体制上的美国企业垄断会使自由经营体制陷于瘫痪，而且这种垄断对于操纵它的人和受它挟制的人一样都是个灾难。

《罗斯福选集》 第 200 页

向私人垄断的斗争，不是反对美国企业，而是为了美国企业。这是保持个人企业和经济民主的一个斗争。

《罗斯福传》 第 114 页

如果私人经营听其自然变成半受控制、半是竞争、半受奴役、半处自由，像今天这样，显然它是无法使自己适应国家的需要和要求的。

《罗斯福选集》 第 192 页

竞争在一定的程度内是可以发挥作用的，但过了这一限度就无能为力了。而我们目前必须争取的合作却能发挥竞争所起不到的作用。

《罗斯福正传》 第 112 页

按每个人或每台机器的产量计算，我们是世界上效率最高的工业国家。

从资本和劳力的全面互相利用方面看，我们则是效率最低的工业国家之一。

《罗斯福选集》 第 190 页

资方没有劳方的合作就无法生存，而劳方没有资方的合作也无法生存。

《罗斯福正传》 第 113 页

一个买卖，失去了顾客的信任和公众的赞誉，不可能长期值得投资人为它冒什么风险。

《罗斯福选集》 第 84 页

这一切都要求重行核定原有的价值观念。仅只是多建一些工厂，多造一些铁路，多组织一些公司，这样的人既可能有益于社会，也可能是祸害。

《罗斯福选集》 第 9 页

任何集团的要求，不论多么合理，都是满足不了的，除非那个集团准备和大家同心协力找出增加收入的办法，使那个集团和一切其他集团都能有所收益。

《罗斯福选集》 第 184 页

梦境，就是梦想有一套经济结构，足以提高大家的生活水平，使最卑微的人对豪侈也不是可望而不可即；先是用蒸汽功力，随后用电力，消灭了距离，把一切人从最沉重的体力劳动的苦难中解放出来。可以预期，这一切必然要影响到政府。在此之前，人们对政府只要求它创造条件，使人民可以幸福地生活、和平地劳动、安定地休息。现在，人们要求政府帮助实现这新的梦境。然而，梦境上空也有阴霾。要实现它需要具有惊人意志和惊人抱负的人的才智，否则，财力、物力的使用和新的建设发展是得不到完善的解决的。

《罗斯福选集》 第 5 页

在我们中间，今天在发展着史无伦比的私人力量的集中。

私人经营，作为提供劳工就业和资本运用的一种方式，作为保证在整个国家的人民中间比较公平分配收入和收益的一种方式，其经济效用正在受到这种集中的严重损害。

《罗斯福选集》 第 187 页

我知道，人民都深信这样一种安全的繁荣并不能持久，除非是建筑在做生意上的公平交易和自上而下大家都分享繁荣的基础上，因此，我今天又对国会重申，不论国会或行政首脑都不能削弱或破坏过去五年中代表美国人民所实现的伟大改革。

《罗斯福选集》 第 178 页

我们的农产品过剩太多，我们自己无法消费，而其他国家也没有现金可供购买，除非我们以破产性的低价出售。我们的工厂生产的商品，超出了我们可能的消费。同时却面对着不断下降的出口需求。我们的运输能力大于我们可以运输的工业和农业所提供的商品。造成这一切的原因，在很大程度上，是完全缺乏计划，以及完全漠视世界大战结束以来一直不断出现的危险信号。

《罗斯福选集》 第 34 页

常识告诉我们，如果任何强国拒绝以真正的诚意参加分别在日内瓦和伦敦就政治和平和经济和平所作的协调努力，进步将可能受到阻碍而最终陷于停顿。

《罗斯福选集》 第 40 页

现在，我们都知道，除非存在普遍的繁荣，也就是说，除非购买力在全国各个集团之间得到均匀分配，这些经济部门是不能够存在的。

《罗斯福选集》 第 10 页

复兴篇：以全国性的计划来防止
全国性的危机

　　全国性的思考、全国性的计划和全国性的行动是防止全国性的危机的三大要素。

　　这就是我的经济和社会的观点，而且附带说一句，这也是我的政治哲学。

《罗斯福选集》　第 113 页

　　健全的内部经济体制，对一个国家的安宁来讲，是比它的货币与其他国家货币的比值更为重大的因素。

《罗斯福选集》　第 30 页

　　对于我国国民生活中不测风云的深谋远虑，要求我们建立起健全的手段，为美国人民提供未来的更长久的经济保障。谁也不能担保我国不再出现萧条的危险，但是我们可以减少这种危险，我们可以消除造成经济萧条的许多因素，而且我们可以提供减轻其后果的手段。

《罗斯福选集》　第 78—79 页

　　我们必须争取到达不可能再发生萧条的时代，而如果这就意味着牺牲掉通货膨胀性繁荣中来之甚易的利润的话，那就牺牲掉它罢；牺牲了只有好处。

《罗斯福选集》　第 13 页

我是不相信"万应灵丹"的，但是我相信我们能够在很大程度上影响经济力量。职业的经济学家们坚持事物都有一定的过程，而人力是无补于解救经济病患的，对此我不敢苟同。其中的原因之一就是，我恰好知道，职业的经济学家们每五年到十年就要改变一次他们对经济规律所下的定义，而且长期以来都是如此。然而我对于共同宗旨所具有的力量，对于美国人民统一行动的力量，则是有信心的，而且一直保持着信心。

《罗斯福选集》 第48页

当前这个不幸的时代要求我们制订这样的计划，即以那些被遗忘的、缺乏组织的、但却必不可少的经济力量单位作为基础，要求我们制定的计划是……从下往上，而不是从上而下的，是再一次把信念寄托在经济金字塔底层的那些被遗忘者身上。

《罗斯福：狮子与狐狸》 第187页

我们并没有对企业妄加不必要的限制。我们并不反对合理合法的私人利润的刺激。相反，我们寻求的是使企业的某些方面重新得到大众的信任。我们寻求的是在金融业和工业里提出公平竞赛的规则。

《罗斯福选集》 第61页

我们现在的任务不是发现或开采自然资源，或者生产更多的商品，而是更冷静、更平稳地管好已有的资源和工厂，为我们的剩余产品重新开辟国外市场，处理消费不足的问题，按照消费调整生产，更公平合理地分配财富和产品，使现存经济组织适应为人民服务的需要。

《罗斯福选集》 第9页

现在边疆已经消失。我们当前的任务就是要在我们已经拥有的土地上改善生活。

在早先的日子里，安全保障也是通过家庭成员之间的互相依靠和小居民点内各个家庭之间的互相依靠而取得的。大规模社会和有组织行业的复杂情况，使得这种简单的安全保障方法不再适用。因此，我们被迫通过政府来运用整个民族的积极关心来增进每个人的安全保障。

《罗斯福选集》 第 58 页

解决这种难以忍受的社会经济条件的进程，必须实事求是。绝不可以同时兴办过多的工程，或者满足于东填西补而不去完成任何完整的工程。很明显，政府不可能在全部四百三十五个选区、甚至全部四十八个州，都兴办全国工程。

《罗斯福选集》 第 59—60 页

你们和我今天都加入了一个全国性的伟大的改革运动：同大自然合作，而不是同她作对，同她合作来制止毁灭性的水灾，防止尘暴，防止宝贵土壤的流失，植树造林，给千万个农业家庭活下去的机会，设法为全国城市居民提供更多更好的食品。

《罗斯福选集》 第 99 页

经济条件和大自然作用的本身都要求明智的政府经常考虑到如何促进必要的人口调整。有几十万个家庭还居住在今后若干年内谋生无望的地点，我们不能不有所行动。……制定一项全国性的政策来开发土地和水利资源，并使之为在原地无法谋生的人去妥善利用。只有做到这一点，我们才能把现在列入救济名单的千百万人的名字永久性地从名单上勾销。

《罗斯福选集》 第 58—59 页

我们越深入研究我国的水利资源，我们就越认识到利用这些资源是关系全国的大事，认识到在安排利用这些资源上，我们的思路不仅包括较为狭小的地方，也要包括广大的区域。

《罗斯福选集》 第 146 页

美国工业曾经在外部世界寻求新的市场，但是它可以在自己的大门口创造出从未有过的最大和最持久的市场。

《罗斯福选集》 第 161 页

历史将会把国家工业复兴法作为美国国会所通过的最重要、最进步的法律载入史册。

《轮椅总统——罗斯福》 第 194 页

如果我们的人民有工作和合理的工资和合理的利润，他们就可以购买别人的产品，生意就是好的。但是，如果你把一半人的工资和利润拿走，生意就只是半好的。即使那得天独厚的半数是非常富有的，也没有多大的好处，最好的办法是让大家都能小康。

《罗斯福选集》 第 43—44 页

如果在每一个互相竞争的集团内所有的雇主都同意付给其工人同样的工资——合理的工资——并且规定同样的工时——合理的工时——那么，高工资和短工时就不会伤害任何雇主。不仅如此，这样干比失业和低工资对雇主还更好一些，因为这造成更多的买主去购买他们的产品。这就是工业复兴法的真正核心的简单概念。

《罗斯福选集》 第 45 页

多年以来，阻止达到正常繁荣的两大障碍一直是农产品价格过低和失业造成的慢性瘫痪。这些因素使全国购买力减去了一半。

如果我们能够很大地提高靠经营农场和经销农产品为生的千百万人的购买力，我们将会很大地提高工业所提供的商品的消费量。

《罗斯福选集》 第 44 页

我们在一个混乱时刻建造了磐石般的基础。联邦信用的这个基础是广阔和坚实的。它是整个复兴计划的基础。

《罗斯福选集》 第 42 页

我们的国家过去经得起考验，今后还会经得起考验，复兴起来，繁荣下去。

《罗斯福选集》 第 14 页

我们还必须认识到工业中心已经人口过剩，因此应尽力把土地提供给最善于耕种的人，一方面使土地得到更好的利用，一方面在全国范围重新分配人口。

《罗斯福选集》 第 16 页

在这次大萧条中，所有的国家都同样遭受了困难。大家都得出同一的结论：全体共同行动才最有利于每一个国家。我们的外宾正是抱着这种精神同我们相会并讨论共同的问题的。即将举行的国际会议一定会成功。世界的未来有赖于此，我们都已互相保证，为此目标而共同全力以赴。

《罗斯福选集》 第 37 页

我眼前最关心的事，就是实现国会刚刚批准的伟大工作计划的目标。它的第一个目标，是为现在领取救济金的男女公民安排工作，从而在物质上有助于我们毫无疑问已经走上的复兴道路。

《罗斯福选集》　第 80 页

我们已经终于通过了一次经济大灾难的各种艰难险阻。我们已经在对我们国家考验的最黑暗的时刻保持了我们有能力掌握自己命运的信念。在各方面，恐惧在消失，信心在增长，对于人类借助民主政府的形式改善自己物质和精神状况的巨大可能性，人们正在重获信心。而这种信心已在获得其应得的奖赏。为此，我们可以感谢守护着美国的上帝。

《罗斯福选集》　第 86 页

在国会审议的还有一项立法是规定要取消公用事业领域里不必要的控股公司。

这项立法，不仅从长远来看将为消费者带来较低的电费和煤气费的结果，而且还将保护成千的投资人所有资产的实际价值和赢利能力；旨在改善我国运输机构状况的立法的实施，将大大刺激商业的复兴，乃至我国的全面经济复兴。有必要制定法案来管理各州。

《罗斯福选集》　第 84—85 页

我们首先考虑的是：坚持合众国国内的各种因素和合众国各个部分之间的互相依靠——承认美国拓荒精神的传统的和永远重要的体现。这是复兴的道路。这是直接的道路。这是复兴得以持久的最有力的保证。

《罗斯福选集》 第 16—17 页

在复兴方面，我们已经帮助农业和工业从十分衰退的状况下振兴起来。

《罗斯福选集》 第 57 页

世界经济会议不久即将举行，并且一定会迅速取得结论。世界不能等待冗长的议论。这次会议必须通过稳定各国货币、打开世界贸易以及提高价格水平的国际行动来建立秩序，以取代当前的混乱。简言之，会议必须通过明智而深思熟虑的国际行动来补充各国国内的经济复兴计划。

《罗斯福选集》 第 38 页

作为一项为加快经济复兴进程而采取的进一步且刻不容缓的措施，我要求国会通过立法保护小业主，使他们免受丧失财产赎取权的煎熬，并解除其因过高利息和本金所造成的一部分负担。这些负担都是他们在赚钱能力较强、能够创造更多价值的时候所招致的。

《罗斯福自述：走出危机》 第 33 页

人们感到，如果我们不制订出具体的计划来平衡正常预算或者规定在正常预算外制定明确的补救措施，那么我们将面临破产。

《罗斯福自述：走出危机》 第 10 页

使基础变得稳固起来是我们所面临的首要任务，国家的复兴也有赖于此。

《罗斯福自述：走出危机》 第 11 页

城市和农村之间的这种密切联系[①]，是我们 1933 年对全国性的问题力求采取全国性解决办法的一个主要原因。我们力图在增加农场主现金收入的同时提高工人的工资。

《罗斯福选集》 第 117 页

---

① 这种密切联系是指农村支援城市，城市支援农村。

重建篇：为了防止再次崩溃，政府必须控制盲目的经济力量

我们是怎样地在建设这座复兴的大厦，健全经济生活的宅第？（建成后的这座庙堂将不再是钱商和乞丐的庙堂，而是为了美国能够有更大的社会正义、更大的幸福而奠基而维护的庙堂。）我们正在一块一块石头地垒砌着将要支撑这座宅第的圆柱。圆柱的数目很多，而且一根圆柱的进展可能一时干扰旁边一根栋梁的进展，但整个建设工程必须毫不放松、不受阻挠地坚持下去。

《罗斯福选集》 第51页

除了这些即时的救济和复兴任务以外，我们还决定通过重建我们经济生活的许多结构，并且为了防止再次出现崩溃而对我们经济生活加以改组，从而使这些任务有了保证。先复兴后建设的说法是幼稚的。在复兴过程的本身性质中，我们就必须避免过去那些破坏性的影响。

《罗斯福选集》 第57页

我们还认识到改革和建设的必要——改革，这是因为我们今天和过去几年的困难都是由于在企业和金融业居于领导地位的人不了解起码的公平合理的原则——建设，因为我们经济生活中旧有的但被忽视了的条件，以及新产生的条件，都必须加以矫正。

《罗斯福选集》 第63页

尽管政府是全国最大的企业主，若按私人企业的标准来说，国会在一周内就得破产……这种体制与美国目前的条件相比至少落后了一百年。

《轮椅总统——罗斯福》 第 83 页

政府应该只是作为最后的手段才去运用经济调节的职能，除非在高度的责任感驱使之下，在政府提供了尽可能的帮助和平衡作用之后，私方的主动努力已经最终失败，不宜轻易运用。迄今为止，由于还没有尝试，也就谈不上最终失败。

《罗斯福选集》 第 12 页

我们必须找到实际可行的办法，既控制利令智昏的人，也要控制住盲目的经济力量。

《罗斯福选集》 第 195 页

这些人自称并实际控制着主宰我们工业生活如此重大一部分的那些大工业和金融组合。他们要当的不是普通的企业家，而是财产的主宰。

他们必须在必要的地方牺牲这种或那种个人的利益，通过相应的自我克制来谋求普遍的利益。正是在这一点上，政府的正式职能——即政治职能，可以发挥其作用。

《罗斯福选集》 第 12 页

只要他们拒绝合作来谋求公益，看来又打算把工业引回到无政府状态，要求政府出面加以限制就是适宜的。同样，如果作为一个集团，他们运用集体的力量去损害公益，政府也必须迅速出面来保护公众的利益。

《罗斯福选集》　第 12 页

　　面对着这样一种经济专制，美国公民只能求助于有组织的政府权力。1929 年的崩溃揭露了专制主义的本质。1932 年的选举乃是人民要求结束这种统治的授权。

《罗斯福选集》　第 126 页

　　现在，在更严密的经济结构里，集中的、好大喜功的金融部门也不再是众望所归的公仆，而形成为一种威胁。我们并不曾因为在十八世纪时全国政府形成威胁，就认为应该放弃建立全国政府的原则。今天，我们也不应该仅仅因为它们的势力容易被滥用就放弃建立所谓大公司的强大经济部门的原则。过去，我们是采用逐步把它改造成民主立宪政府的办法来解决过分好大喜功的政府的问题。今天，我们也是在改造和掌握我们的经济部门。

《罗斯福选集》　第 9 页

　　如果我们在美国完全失去对能源的控制，那么，接踵而来的就是对其他自由的进攻。

《轮椅总统——罗斯福》　第 133 页

　　会有少数的人，将为保持他们现在对于我国工业和金融业掌握的独裁统治而战斗到底。同这一小撮人，我们是打算要战斗的——对我来说是一场乐于接受的战斗，但也是同祸害绝不妥协的战斗——不到必胜之日决不罢休。

《罗斯福选集》 第 170 页

为了贯彻以多数人的根本利益为宗旨的伟大国民计划，某些人的脚趾总归是要挨踩的，今后也还是要挨踩的。但是，这些脚趾属于相对少数的人，他们企图保持或猎取金钱或地位，或兼而得之，靠着损害多数人利益的某种捷径。

《罗斯福选集》 第 64 页

在我们调整金融体制上，有一个因素要比货币更重要，比黄金更重要，这就是人民的信心。执行我们的计划，其成功的要素，就是信心和勇气。

《罗斯福选集》 第 30 页

一方面要保护工业本身不受其内部骗子手的损害，另一方面要通过保护合理竞争和防止不公道的零售价格飞涨来保护消费者。

《罗斯福选集》 第 65 页

我们正在向失业开展全国范围的进攻。如果我们的人民理解这场进攻，它就会在大企业、在小商店、在大城市和小村庄里取得胜利。它并不复杂，这个原则也并不新颖。它是和社会以及国家本身的基本观念一脉相承的。作为集团行动的人可以完成单干的人所不能希望实现的事情。

《罗斯福选集》 第 45 页

随着时间的流逝，我们将尽一切力量去鼓励建立合众国式的较小居民点。许多人正在开始认识到超过时代条件变得过大的城市的内在弱点，以及从地理上把人口分布得较为广泛的内在力量。

《罗斯福选集》　第 148 页

科学和发明已经向我们提供了手段，能够比过去更广泛、更有效地去处理大自然的问题。我们已经学会利用水力、开发沙漠、重造森林和调整人口的流动。直到最近，我们几乎是盲目行动，造成了许多错误。

《罗斯福选集》　第 59 页

我希望政府有可能，作为一项长期的明确政策，每年拨出一笔巨额专款，以便每年的工作不是出于临时的权宜，而是本着经过深思熟虑的全面目标。

《罗斯福选集》　第 60 页

我们不能自己大肆吹嘘说，回到繁荣。我打算无论什么时候都同我国人民开诚相见。我不想让我国人民在这一好转的基础上重新走上投机热的愚蠢道路。（我不想让人民相信，我们可以毫无根据地乐观起来，……）这样的做法有可能给我们带来即时而虚假的繁荣，然而这种繁荣只会把我们引进又一次螺旋性暴跌。

《罗斯福选集》　第 34 页

在美国，工人的未来，农场主的未来仰仗私人经营制度的繁荣，而私人经营制度的未来又依靠工人和农场主的兴旺发达。

《轮椅总统——罗斯福》　第 509 页

我们需要两种保障，来防止旧秩序的弊端恢复：必须对一切银行业务、信贷和投资实施严格的监督，必须制止拿别人的钱进行投机。

《现代美国：1896—1946 年》 第 568 页

　　这全部努力的目的是提高国内市场的巨大的消费能力来恢复我国富裕的国内市场。假如我们现在使物价上涨的速度和幅度与我们增加工资的速度和幅度一样的话，那么整个计划将化为乌有。除非我们在头几个紧要的月份里尽力使物价的提高推迟，甚至不惜牺牲初期的全部利润，我们就无法期待这计划收到其全部效果。

《现代美国：1896—1946 年》 第 546—547 页

　　在现在普遍存在于全世界的巨大和过分的粮食需求之后接踵而来的调整时期，必须对农场主保证一个公道的最低价格。

《罗斯福选集》 第 274 页

　　今天的购买力——今天的公民收入——都不足以推动我们经济体制的更快运转。政府的职责要求我们在这个时候对正常的进程给予补充，并且要保证给予充分的补充。我们必须使国民收入重新开始长期稳定上升。

《罗斯福选集》 第 184 页

　　大多数关于违反反垄断法的控告都是由企业主对其他企业主提出的。甚至最带垄断性的企业主也反对除其本人以外的一切垄断。我们可以把它仅仅看作是人性的一个反映而一笑置之，然而，每一个企业集团为其本身利益而施加的垄断性控制，不可避免地破坏着整个国家的购买力，这一事实却不能在我们发笑中消失。

《罗斯福选集》 第 192

在恢复阶段中，我们需要避免旧秩序弊端重新出现的两项保证：必须严格监督一切银行储蓄、信贷和投资，以制止利用他人存款进行投机的活动；必须提供充分而有偿付能力的货币。

《罗斯福选集》 第 16 页

"紧急形势"这个词的全部含义远非银行危机所能涵盖的；它囊括了我国的整个经济和社会结构。这种紧急形势已经深入到我国农业、商业和工业的根基。这种紧急形势就其潜在影响来说已经存在了整整一代人的时间，在三年半的时间里，其影响日益彰显。只有通过彻底重组并对经济结构进行适度控制才能愈合这种形势。

《罗斯福自述：走出危机》 第 20 页

事情很简单，在过去的四年里，全国平均工资水平的下降速度要快于生活费用支出的水平。作为一个国家的生计问题，必须使工资回复到原来的水平以满足生活费用之需。我们必须马上而不是等到以后再来启动这个进程。

《罗斯福自述：走出危机》 第 41 页

对于我国国民生活中不测风云的深谋远虑，要求我们建立起健全的手段，为美国人民提供未来的更长久的经济保障。谁也不能担保我国不再出现萧条的危险，但是我们可以减少这种危险。

《罗斯福选集》 第 78 页

在不断变化的经济秩序中，如何保证一个国家永远或完全避免出现萧条时期，我们知道的还不多。然而，我们认为我们已经采取和正在采取的这种步骤，至少将会大大缓和萧条的冲击——将会防止上升急速达到虚假繁荣的疯狂高峰，也将防止疯狂下降而又陷入另一个苦难的幻灭的深渊。过去的三年半，我们确实刚从这样的深渊中挣扎过来。

《罗斯福选集》 第 111 页

我们将采取经过慎重考虑、保守性的措施以使我国的产业工人获得更加公平的工资收入，防止恶性竞争和超长的劳动时间，同时提醒所有企业防止生产过剩。

《罗斯福自述：走出危机》 第 45 页

改革篇：用新的材料在旧的基础 上建造更持久的结构

人类社会的永不停止的演变，无疑会带来新的问题，需要作出新的调整。

《罗斯福选集》 第 179 页

文明就像一棵出现枯枝烂木的树一样。激进分子说："把它砍倒。"保守分子说："不要动它。"开明分子采取折中办法："让我们修剪一下，这样我们既不会失去老树干，也不会失去新枝。"

《罗斯福正传》 第 446 页

如果你要保留什么，那你就实行改革吧。

《罗斯福：狮子与狐狸》 第 313 页

和平演进比革命混乱有优胜之处。

《罗斯福与霍普金斯》(下) 第 91 页

我毫不怀疑，就全国来说，整整一代都将变成急进主义的时代已经到来。历史正在证明，哪里发生了这样的事，哪里的民族才能避免革命。

《轮椅总统——罗斯福》 第 138 页

我认为，如果我们不把自己的家整理好，不用美国的宪法手段把政府改组得像我们的私人公司那样有效，……那么，力求用非法手段达到变革目的理论就会盛行起来。

《轮椅总统——罗斯福》 第 83 页

变革在任何社会都是不可避免的。变革中发生的一些混乱是"正常现象"，而社会混乱是那些害怕变革和力求革命的人共同造成的。美国的危机不在于急进主义，而在于长期无所作为或反动统治。

《轮椅总统——罗斯福》 第 134 页

白宫建筑的艺术轮廓是我们共和国早期的建筑大师们的杰作。原来的朴素而坚固的结构保持下来，经受住一切现代化的考验。然而，在这庄严的外形里边，现代政府工作的需要则要求不断的改进和装修。

《罗斯福选集》 第 66 页

和谐的原则以及必要性本身都要求新的建筑结构需要得同原有的基本线条融于一体。正是这种新旧结合才标志着有秩序的、和平的前进，不仅建筑房屋是这样，建设政府本身也是这样。

我们的新的结构是旧结构的组成部分和最终归宿。

《罗斯福选集》 第 67 页

今天，我们有一个由乡村文明所形成的旧的政治秩序，而同时又有一个由技术文明所形成的新的社会秩序。这两个秩序并不协调。如何处理它们之间的创造性相互关系是美国领导人面前的一个巨大任务。

《罗斯福正传》 第 280 页

理想是不变的，但是方法是随着每一代人和世界环境在改变。这就是我与我的一些胆小怕事的朋友们的分歧所在：我是在寻找达到目标的最现代的车辆，可是他们却还在坚持要用十二年前说来是崭新的和行驶良好的车辆。

《罗斯福》 第 397 页

我们立誓要做到的并不仅是用第二手材料进行修修补补。我们使用社会正义这种新的材料，开始在旧的基础上建造更持久的结构，以便后代更妥善地加以利用。

《罗斯福选集》 第 137 页

我们的目的是建设一个更伟大、更稳定、更有谅解精神的美国。如果现在予以放弃就会错过潮流，甚或错过港口。

《罗斯福选集》 第 186 页

在坚决地扩展社会正义的边疆中，我们必须依靠现实的推理而不是干巴巴的公式。

《罗斯福选集》 第 144 页

没有什么神妙的处方，也没有什么万应的经济灵丹，能够使重工业和依赖重工业的商业在一夜之间一举而得到复苏。……我们的确是在根据"新政"所规定的路线改建我们的政治和经济体制。

《罗斯福选集》 第 70—71 页

不把"新政"当作神学或哲学，而只不过是办事的具体办法，是在现实政治条件下的经济实验。如果说在它后面有什么哲理的话，那就是一条简单的道路："试试看，如果失败了，再试试别的。"

《罗斯福》 第 71 页

如果我对美国人的心思没有猜错的话，美国非但需要，而且要求进行大胆的坚持不懈的试验。……最要紧的是要有所作为。

《光荣与梦想》（第一册） 第68页

（改革方案） 正在得到具体的贯彻，而且逐月地在使它适合于错综复杂的新旧情况……几乎在全国各地，以至几乎在每个工业企业，情况都是不一样的。临时性的调整措施正在为更长远性的组织结构所替代。

《罗斯福选集》 第65页

有旧观点的人不能实现新的观点，因为，把一件事情办好的首要条件是把它办好的愿望。

《罗斯福选集》 第221页

一些害怕进步、胆小怕事的人，企图给我们正在作的事加上一些陌生的新名词。他们有时把这叫作"法西斯主义"，有时叫作"共产主义"，有时叫作"议会派"，有时又叫作"社会主义"。他们这样做，是企图把一切搞乱，把最简单不过的实际问题变成某种理论性的神秘东西。我相信事实和实际政策。我认为，我们现在所做的这些是执行美国人始终不渝的天职——实现古老的、久经考验的美国式的思想。

《轮椅总统——罗斯福》 第200页

他们可以把新政叫作社会主义，但是新政的目的是扩大股票持有者的数量。难道这是社会主义吗？

《轮椅总统——罗斯福》 第197页

在社会现实中往往把任何一个勇往直前、坚持改革的人都叫作急进派。

《轮椅总统——罗斯福》　第 121 页

　　不要把那些主张由国家发展能源技术的人看作布尔什维克或危险的激进派，归根结底，他们只不过想要恢复一些最古老的原则：保护普通人的合理需要。

《轮椅总统——罗斯福》　第 133 页

　　靠反动来对付激进主义的危险，意味着用自己的双手制造灾难。反动不是激进的障碍，它是号召，是挑拨。这种危险需要用现实的改造计划去对付……我们要用非常措施来对付非常局势。最最重要的是，我们找到了问题的症结，并研究了产生危机的原因。我们反对革命，因此，我们向造成革命的条件宣战。

《轮椅总统——罗斯福》　第 285 页

　　作为一个国家，我们拒绝了任何彻底的革命计划，为了永远纠正我们经济制度中的严重缺点，我们依靠的是旧民主程序的新应用。

《1900 年以来的美国史》(中册)　第 92 页

　　想把复兴与改革区别开来，就是想把现实的外表代替现实本身，这种做法是难以想象的。要使病体复原，不仅要治标，而且要治本，这才是上策。……虽然我们已作出了努力，也发表了谈话，但我们还没有清除享有过多特权的阶层，也没有成功地提高无特权者的地位。这两种不合理现象使繁荣幸福至今未能实现。

《1933—1937 年美国史》(上卷)　第 112 页

　　我们已经渡过了为制定我国社会改革计划而发生内部冲突的阶段，

现在我们可将全部精力投入活跃经济恢复的进程，以便维护我们的改革。

《1933—1937 年美国史》（上卷） 第 177 页

自从我们美国有史以来，我们一直在从事变革——不断的和平革命——默默地适应变化着的条件，稳步前进的革命——不需要集中营或者沟里的生石灰。我们寻求的世界秩序是自由国家的合作，在友好文明的社会中合作。

《罗斯福选集》 第 99 页

我们重新发现了改进经济秩序的能力，我们已经踏上了持久进步的道路。

《罗斯福选集》 第 138 页

有一点是肯定的——我们不是走回到旧的时代。我们是向前走向更好的日子。我们在前进中一直在号召合作，而合作的人也在增加，因为越来越多的人逐渐了解到，已经铲除掉的过去的不正之风，是不可能恢复的。

《罗斯福选集》 第 174 页

对于那灾难深重、触景伤情的四年，你我都用不着再去老调重弹。我们都知道这一确凿事实：在那四年结束时，我们国家及时采取了行动，美国扭回头来，经过极大的、几乎是举国一致的努力，又开始走上上升的道路。

《罗斯福选集》 第 98 页

许多年来，我们已经知道，华盛顿政府的行政和管理部门是杂乱无章，拼凑起来的，责任不明，职权重叠。我去冬向国会建议，对这个庞大的政府机构进行改组，并不像有些人所说的与民主程序的原则有矛盾。这一改组，只会使民主程序进行得更有效率。

《罗斯福选集》 第 160 页

你们决心在重建中铲除那些不足自豪的旧状况；建设一个更美好的城市；用公园去取代过分拥挤的地区；把人们从陋巷迁往郊区。为此，你们盖恩斯维尔的公民们应当受到最高的称赞。

《罗斯福选集》 第 171 页

策略篇：永远不要让你的左手知道你的右手在干什么

政治是实现可能实现的事的艺术。

《罗斯福：狮子与狐狸》 第 116 页

一九三三年夏，有位头戴丝绸帽子的老绅士在防波堤边上失足落水，他不会游泳。一位朋友跑下防波堤，跳进水里，把他救上来，但丝绸帽子被浪冲走了。老绅士苏醒过来后，千恩万谢，夸奖他的朋友救了他的命。但是三年后的今天，老绅士却因丢了帽子而斥责他的朋友。

《罗斯福正传》 第 500—501 页

如果没有充分的理由，就不要冒冒失失地惊动选民，需要首先赢得选票，然后才能做好事。

《轮椅总统——罗斯福》 第 128 页

你不能只凭站在屋顶上大喊大叫就得到一直想要的东西。

《罗斯福与美国对外政策》(下) 第 765 页

不要在敌人安排的阵地上投入战斗。如果敌人打击你的痛处，不论多么疼痛，最好还是默默忍受，而在另一些问题上争取主动。

《轮椅总统——罗斯福》 第 132 页

我们的每个步骤都同其他一切步骤具有肯定的联系。……在组成整个结构的无数零件中，最后将会产生人类的一件有用工具。制定一项国家政策也是这样。

《罗斯福选集》 第 79 页

我不否认我们在贯彻这项政策中可能要犯程序上的错误。我并不期望每次举棒都能击中投球。我所追求的是尽可能高的击中率，不只是我自己，整个球队都是如此。

《罗斯福选集》 第 85 页

有人说："什么也不要干"，另一些人则说："什么都要干"。常情告诉我们，要避免这两个极端。我的看法是："要干一些的"；而且当你干了一些以后，如果行之有效，就再多干一些，如果行之无效，就换些别的来干。

《罗斯福选集》 第 111 页

如果这种方法失败了，那就坦白承认，并试行另一种。首先总得试行某种方法。千百万贫困者在满足他们的需要的东西近在咫尺时，不能永远默然等待。

《罗斯福正传》 第 340 页

群众的心理是这样的，由于人类的弱点，他们不可能在很长时期内承受一再重复的崇高理想，……如果每天从报纸标题看到的都是同一个名字，从广播中听到的还是同一个声音，他们会感到疲劳的。让别人去说吧，而我则要做好准备，在适当的时候对美国的行动给予新的推动。

《轮椅总统——罗斯福》 第 257 页

不断研究我们的工业、财政和社会问题，不断采取行动，而不要堕入哪一个集团的心血来潮或机会主义之中。

《罗斯福外传》　第 125 页

在此非常时期，我认为应当采取本来不应考虑的非常手段。

《罗斯福正传》　第 331 页

我好像一只猫，像闪电那样跳一阵，然后躲藏起来。

《轮椅总统——罗斯福》　第 278 页

当我不知道该怎样动作时，我就留在原地不动。

《罗斯福》　第 220 页

如果警察头子和一伙强盗达成一笔交易，其结果是双方都不吃亏，警察头子将成为一个英雄人物，然而，如果强盗反咬一口，警察头子就能锒铛入狱。

《罗斯福：狮子与狐狸》　第 492 页

永远不要让你的左手知道你的右手正在干什么。但我把左手藏在桌子底下。

《罗斯福与美国对外政策》（上）　第 41 页

请不要把我们的政策说成是右的或者是左的，这是大学一年级学生的思维方法，我们的政策不右也不左……

《轮椅总统——罗斯福》　第 251 页

政治集会不是吟诗抒情的地方。

《罗斯福正传》 第 263 页

失败的时刻是为民主党将来取胜制订计划的最好时机。

《罗斯福：狮子与狐狸》 第 110 页

还有一个从根本上削弱一个国家的方法，……这个方法很简单，首先就是制造意见分歧。有那么一伙人——为数并不多——可能出于地区的原因、种族的原因或者政治的原因，正被人唆使通过虚伪的口号或蛊惑人心的要求而施展他们的偏见。那些蓄意怂恿他们的人旨在制造意见分歧，使公众无所适应，造成政治瘫痪，并最终形成惊恐不安的局面。正确的国家政策将遭到一种新的、荒唐的怀疑主义观点去审查，……国家的团结被严重地削弱，以致使国家的力量丧失殆尽。所有这些，并非痴人说梦。这样的事已经在一个又一个的国家中屡见不鲜。

《罗斯福与美国对外政策》(上) 第 322 页

一个古老的策略最近又被拿出来使用。想要剥削和统治人民的人，试图欺骗受他们之害的人为他们去战斗。

《罗斯福选集》 第 168 页

敌人宣传的最大胜利就是制造分裂。

《罗斯福与美国对外政策》(下) 第 479 页

我不会有时间或兴趣来作抽象的政治辩论。但是，我对歪曲事实的情况，不论是有意的或无意的，都将非常乐意提请全国注意。

《罗斯福与霍普金斯》（上） 第 260 页

败北者在最后失败前总还要挣扎一番。

《罗斯福正传》 第 375 页

不管我们的敌人……在绝望中可能试图对我们采取什么行动——我们将像伦敦人民说的那样："我们都能接受。"而且更重要的是，我们能够加倍还击。

《罗斯福正传》 第 625 页

在战争中，在夜战的朦胧中，战士们都在肩头上带着明亮的标志，以避免同志们自相射击。根据同一原则，在这项计划中合作的人也必须能互相识别。因此，我们也为此目的提供了一种荣誉标志，设计很简单，上面写明"我们不拆伙"。我要求所有同我站在一起的人，都突出地显示这一标志。这对实现我们的宗旨是至关重要的。

《罗斯福选集》 第 49 页

法律是规定了充分的惩罚的，但是我现在要求的是服从舆论和出于良知的合作。

《罗斯福选集》 第 46 页

在我们培养这种冷静的判断的时候，压倒一切的需要是当政的人必须明智得足以避免那些用感情和武力代替判断和谈判的偶发事件。

《罗斯福选集》 第 218 页

即使在处理全国性问题上，也存在着地理上的和行业上的差别，是讲求实际的政治家不能完全忽视的。

《罗斯福选集》 第 143 页

我们在从事这项伟大的共同行动时，不应该出现不协调和争执。这不是无端互相指责的时候，也不应该对于这种普遍接受的协议有所怀疑。现在要的是耐心、谅解和合作。

《罗斯福选集》 第 48 页

任何答案，不管是新的还是旧的，除非它符合你们面临的环境和愿望，除非它们对你们的问题提出了某种肯定的、切实可行的解决办法，否则都是不符合你们的思路。

《罗斯福选集》 第 108 页

这一切都是细水长流的事。眼前有什么目标，就马上要求拿出保证取得结果的现成计划。这种人的简单无知是再明显也不过了。人类所追求的事并不如此简单。

《罗斯福选集》 第 13 页

缓慢然而有把握，我们这新的一代正在使这条古老的河流受到控制，而且我也同样地肯定，美国人民也正在缓慢而有把握地使他们的社会经济问题受到控制。

《罗斯福选集》 第 206 页

普通人的本能，愿意自己活也让别人活，会产生普遍利益的最佳和最稳定的平衡。

《罗斯福选集》 第 165 页

人们是会敢于互相竞争的，但不会愿意同巨人抗衡。

《罗斯福选集》 第 190 页

这是一只身长九十六英寸的狗被四英寸长的尾巴所摇动的情况。如果大家把它换算成英尺和英寸，这只狗就显得相当奇特。然而，还是想一想那四英寸的力量吧！

《罗斯福选集》 第 170 页

只要我们耐心等待，不动声色，情况自会好转。

《罗斯福：狮子与狐狸》 第 413 页

他们现在做了一百八十度的大改变，个中奥妙，我想，大概与选举不无关系吧？

《罗斯福：狮子与狐狸》 第 572 页

如果你出一定数量的军火，在战后得到归还，如果这军火是完好如初的——没有损坏——你就不吃亏；如果它们损坏了，或都陈旧了，或者完全丢掉了，而如果你借给的人照样赔上，在我看来，你就没有吃亏。

《罗斯福选集》 第 259 页

前进篇：我们已经结束了延误和失望，还有很长一段路要走

朋友们，社会创举还刚刚开始。

《罗斯福：狮子与狐狸》 第 350 页

我们的道路是艰难的，我们是在黑暗中摸索前进，但我们终于稳步走上了康庄大道。

《罗斯福：狮子与狐狸》 第 576 页

我们眼前的成就是在不寻常情况的压力下取得的。我们是在恐惧和苦痛的鞭策之下被迫前进的。

《罗斯福选集》 第 138 页

我们都知道出现过错误，第一次处理这样大的事情总需要一个试验摸索的过程，犯错误是难免的。

我们从所犯的错误中吸取了教训。

《罗斯福选集》 第 397 页

从全局看——从东海岸到西海岸之间，整个的领土平均来看——整个一亿二千万人口平均来看——凡是愿意观察的人，都可以看到你们和我都值得自豪的事实和行动。

这并不是说我是满意的，或者说你们是满意的，我们的工作已经

完成，我们还有很长一段路要走，然而我们是在前进中。

《罗斯福选集》　第 50—51 页

　　我们的困难不会在明天结束，但是我们在前进，我们的前进方向
是正确的。

《罗斯福选集》　第 56 页

　　合众国正在站起来，按照更健全的办法在重建。我们准备前进，
而不是后退。

《罗斯福选集》　第 175 页

　　向前看，不要向后看。我们反对在国家生活中麻木不仁，得过且
过。

《罗斯福外传》　第 125 页

　　我比以前更加确信，就人民跟我们走这一点来说，我们就像以往
一样强大，也许更加强大。

《罗斯福正传》　第 443 页

　　我们已经结束了"延误"，我们已经结束了"失望"；我们已经作好
了准备，正在期待更美好前景的到来。

《罗斯福外传》　第 194 页

　　是我心中的信念使我确信，美国将选择进步的大道，把绝望的论
调、卑怯的嗫嚅、倒退的小路统统抛到一边。

《罗斯福外传》　第 25 页

我们绝不能倒退。在当前世界的暴风骤雨之中，美国这只船不能抛锚，不能回到多年前的平静港湾里去。我们必须前进，否则就会倾覆。

《罗斯福正传》 第 224 页

"进步"这个词要比"复兴"更好，因为进步不仅从物质的观点来看，意味着稳定的工商企业和稳定的农业，而且同样重要的是，意味着通过全国人民和政府坚持不懈的努力，美国人的生活可以得到稳步的改善。

《罗斯福选集》 第 101 页

我们进步的检验标准，不是看我们是否锦上添花，而是看我们是否雪里送炭。

《罗斯福选集》 第 139 页

使我们不能在明天获得成功的唯一障碍，就是我们今天的疑虑、犹豫。让我们满怀坚强、积极的信念向前迈进吧。

《罗斯福外传》 第 385 页

让打破愚蠢的传统成为我们党今后的任务，使国家不断走向真正希望、真正正义和全体公民真正平等之途。

《罗斯福正传》 第 361 页

我们不是走回到旧的时代。我们是向前走向更好的日子。

我们要有 1938 型的头脑的人来代表我们，不要有 1898 型的头脑的人来代表我们。

《罗斯福选集》 第 174 页

如果我们没有勇气领导美国人民沿着它想要走的道路前进，另外一些人就会带领它前进。

《轮椅总统——罗斯福》 第 286 页

我的朋友，我们走上了正确的道路。这条道路不是偶然选择的，不是经济周期的结果，而是我们自觉地选择的。但愿不会有人再向你们谈什么另外的道路。

《轮椅总统——罗斯福》 第 288 页

任何美国人都没有理由和必要让怀疑和情况不明引起自己的恐惧或麻痹自己的干劲和进取心。

《罗斯福选集》 第 179 页

我们是否应当就此止步，从摆在我们面前的道路上转身回来？我们在面临重大抉择的时候，会听到各种意见。贪恋舒适的人说："待一会儿吧。"机会主义说："这种处境很好呀。"胆小的人问道："前面的路很难走吗？"我们的国家早已摆脱了那种停滞的日子。但是，良知泯灭、玩忽职守、一意循环等现象已经出现。

《罗斯福：狮子与狐狸》 第 379 页

现在有些人常说："我们前进得疲乏了，我们想后退，只管自己的事，恢复正常状况。"他们错了。美国不想这样。我们不能倒退。"昔日的黄金时代"已经一去不复返了。我们的目光朝着未来更美好的日子。

《轮椅总统——罗斯福》 第 89 页

如果我们完全对自己老老实实，我们就必须承认采取任何道路都有风险。我所主张的道路现在包含的风险最少，将来则有达到世界和平的最大希望。

《罗斯福选集》　第 266 页

如果不是每一步都走在坚实牢靠的土壤上，当然，我们就不能发展。沿着我们某些急进的朋友们称作伟大的乌托邦道路盲目乱闯，意味着我们将毫无希望地陷入愚昧的政治理论和不实际的管理学说的流沙之中。这根本不是什么进步，而只会导致军心涣散。结果我们所得到的将是在其他国家已经出现的如此巨大的灾难和不幸，那些国家采用的纯理论的管理设想，而这些设想的合理性和实施的可能性事先并未经过检验。

《轮椅总统——罗斯福》　第 115 页

我们必须转而考虑一个较长期的政策，因为在能够取得完全胜利以前，还得经历一段漫长和艰难的路程，如果不取得完全的胜利，那么我们的努力和牺牲都将是白费的。

《斯大林同罗斯福通信集》　第 7 页

从全国各地听到有信心的口气，使我感到非常高兴。对于人民给予的忠诚支持，我是感激不尽的；他们虽然对于我们的全部做法可能并不清楚，但仍然支持我们对于行动方向的判断。

《罗斯福选集》　第 30 页

我们不会后退，我们不会满足于原地踏步。作为美国人，我们要遵奉上帝的意志为国效力、走向前方。

《罗斯福自述：走出危机》 第226页

然而复兴并不仅仅要求改变道德观念。祖国要求行动起来，现在就行动起来。

《罗斯福选集》 第15页

值此全国奉献之际，我们恳请上帝赐福。祝愿上帝保佑我们全体和每一个人。祝愿上帝指引我前进。

《罗斯福选集》 第18页

缓慢然而有把握，我们这新的一代人正在使这条老的河流受到控制，而且我也同样地肯定，美国的人民也正在缓慢而有把握地使他们的社会经济问题受到控制。让我们继续好好地干下去吧！

《罗斯福选集》 第206页

不要让失败主义者对我们讲已经太晚了。永远也不会更早了。明天就会比今天更晚。

《罗斯福选集》 第267页

我认为我们所规划的航线是正确的。我们的目的是建设一个更伟大、更稳定、更有谅解精神的美国。如果现在予以放弃就会错过潮流，甚或错过港口。我提议继续向前航进。我确信你们对我抱有希望，愿意帮助我。因为，要达到港口，我们就必须航进——航进，不是抛锚——航进，不是漂游。

《罗斯福选集》 第 186 页

坚信我们已在通向一个和平世界的道路上作出了良好的起步。

《罗斯福选集》 第 506—507 页

我们知道我们还有漫长的路要走，我们必须在我国的资源和能力可以做到的限度内，尽可能为每个公民提供更大的限度的保障，创造更好的机会，以及输送更多的知识。

《罗斯福自述：走出危机》 第 225 页

如果我对于我国的精神和意志还有所了解的话，我们是不会去听信贪图安逸的人、机会主义者和胆怯的人的。我们会继续前进的。

《罗斯福选集》 第 139 页

治理篇：新的条件向政府和管理者提出新的要求

　　普遍原则是非政治性的，当然，从更广义上讲正如一位伟大的美国人曾经给政治下定义时所表明的那样，在人类生活的一切方面，任何事情都是脱离不了政治学的。

《罗斯福选集》 第 1 页

　　即使是诚挚、讲道理的人，有时也只看我们有少量差错或歧见的一方面，而忽略了另一方面，那就是，有无数事例足以说明，政府各部门就像一部灵敏运转的机器那样精确配合的。

　　然而，作为一个总体，美国人民是公道的。他们学会了鉴别什么是危言耸听的，什么是符合实际的。

《罗斯福选集》 第 441 页

　　在我们的目标当中，我把我国男女老少的安全保障放在第一位。

　　对于个人及家庭的安全保障，从基本上说，涉及三个因素。人们都要求有过得去的家宅；都要求家宅所在地点适宜于从事生产性劳动，他们还要求某种保证，去应付在我们人世间尚不能完全避免的不幸事件。

《罗斯福选集》 第 58 页

　　《独立宣言》是以一种契约的语言来论述政府问题的。如果我们依照它所有产生的思路去考察，政府不得是一种妥协的关系，一种契约。根据这种契约，统治者被授予权力，而人民从自己被授予某些权利的考虑也同意那种权力。政治家的任务从来就是根据社会秩序的变化和发展去重新规范这些权利。新的条件向政府和管理政府的人提出新的要求。

《罗斯福选集》 第 10 页

我们的宪法是简明扼要的，总是可以根据特殊的需要而在重点和安排上有所改变，而无须动摇其基本形式。正是因为如此，我们的宪政才不愧为现代世界所产生的最稳定持久的政治结构。它经受了领土的极度扩张、辛酸的内战，对外战争和国际关系的考验。

《罗斯福选集》 第 6 页

然而，全国性政府的缔造者都必然是些无情的人。他们在方法上又往往是残忍的，但是他们坚定地力争实现社会所需要、所十分乐意的目标：能够维持和平、消灭内战，辖治难以驾驭的贵族，使得大多数的个人生活得到保障的一个强有力的中央国家政权。

《罗斯福选集》 第 3 页

在许多情况下，中央政府的胜利，一个强有力的中央政府的产生，对个人提供了避风港。比起就近忍受小领主的剥削和残暴，人民宁愿要一个离开自己遥远的主宰。

《罗斯福选集》 第 3 页

由此而产生一种日益强烈的感觉，认为政府是为了少数人的利益而管理的，少数人靠牺牲全体而发迹。人民要求一种平衡的——限制性的力量。于是，逐渐地通过城镇议会，同业公会、国家议会，通过宪法和人民的参与和干预，对独断专行的权力产生了限制。

《罗斯福选集》 第 3 页

什么叫国家？"国家"或"政府"只不过是实现相互帮助和保护的机构而已。

政府对这些不平的公民理应给予帮助，这不是什么恩赐，而是一种社会责任。

《轮椅总统——罗斯福》 第 143 页

政府在社会中的作用就是维持一种平衡，使得每个人都能各得其所，使得每个人都能得到所希望的安全，使得每个人都能获得符合其能力的权力……

《罗斯福正传》 第 373 页

政府从本质上讲，就是一切集团的领导和团结的外部表现。

《罗斯福：狮子与狐狸》 第 247 页

政府不是一个怪物，而是应付变革问题的一个工具。

《罗斯福：狮子与狐狸》 第 165 页

开明政治的时代已经到来。

政府在处理它同企业关系方面的任务，应该是促成一种经济上的民权宣言，一种经济上的宪法秩序。这是政治家和企业家的共同任务。这是一种更长久的安定秩序的最起码的要求。

建立这样一种秩序不仅是政府应该采取的方针，而且也是唯一能保证我们经济结构安全的路线。

《罗斯福选集》 第 9—10 页

管理政府包括制定政策，以及应用政治技巧去尽可能实施政策而又同时获得普遍拥护这样一种艺术；要善于规劝、领导、有所牺牲和不断地进行教育，因为政治家最伟大的责任就在于教育。

《罗斯福选集》 第 13 页

从广义上说，保护和捍卫我国的真正财富——物质财富、人们的健康或幸福——的任务非常重大，以致需要政府全力以赴。

《轮椅总统——罗斯福》 第 133 页

我们的政府职能，不论是正式的和非正式的，政治和经济的，都对每个人负有责任，应该给他们提供条件，使他们通过自己的劳动，从总的财富中取得足以满足其需要的一份。

《罗斯福选集》 第 11 页

国家的责任之一，就是关怀那些陷入逆境以致不靠别人的帮助连起码的生活资料也无法获得的公民。这一职责是每一个文明国家所公认的。

《罗斯福与霍普金斯》(上) 第 54 页

国家对公民所负的义务乃是仆人对主人所负的义务。人民创立了国家；人民通过一致的同意让国家继续存在下去。……政府必须给这些不幸的公民以援助——不是作为一桩慈善事业，而是作为一种社会义务。

《罗斯福正传》 第 329 页

我们本能地看到了一种更加深刻的需要——需要通过政府找到实现我们共同目标的一种工具，以便为个人解决这个复杂的文明社会中不断产生的问题。我们一再企图在没有政府支援的情况下找到解决的办法，结果是一筹莫展，无所适从。因为，没有政府的支援，我们就不能使科学的作用在道义上受到控制，而要使科学成为有利于人类的公仆，而不是无情的主宰，这种控制是必不可少的。我们知道，要做到这一点，就必须找到有效的办法来控制盲目的经济力量和盲目自私的人们。

《罗斯福：狮子与狐狸》 第 378 页

这是我所理解的宪法，它具有应付民主制度中任何新问题的灵活性，而不是你们法院用阻碍进步与民主的宪法。

《罗斯福：狮子与狐狸》 第 378 页

在过去半个世纪中，联邦政府三大部门之间的均衡，由于最高法院直接违背宪法制定者的高尚目标而倾覆。我们的目标就是要恢复这种平衡。我们需要一个在宪法之下公正行事而不是高居宪法之上的最高法院。

《罗斯福》 第 150 页

最高法院把一些宪法上没有的或从未打算添进去的辞句和含义强加给宪法。……我们必须采取行动从最高法院手里挽救宪法也挽救最高法院本身。……在我们的法院里，我们要法律的统治不要人的统治。

《1933—1973 年美国史》(上) 第 150 页

经常地和有次序地增加年轻一些的血液，必将使法院充满活力，并且使它们有更好的条件来按照不断变化的世界的需要和条件，认识和利用主要的公正概念。

《现代美国 1896—1946 年》 第 619 页

我们需要一个用现代眼光看待现代问题的现代化的司法组织。

《美国总统列传》 第 350—357 页

但愿正常的行政和立法分权完全足以应付我们所面对的史无前例的重任。然而，史无前例的要求和迅即行动的需要也可能使我们有必要暂时背离正常分权的公开程序。

《罗斯福选集》 第 17 页

为了贯彻任何二十世纪的计划，我们必须向政府的行政部门提供可以从事工作的二十世纪的机构。

《罗斯福选集》 第 160 页

企业中的大公司集体主义不可避免地会造成政府管理上的绝对集体主义。

《罗斯福选集》 第 194 页

政府可能犯错误，总统肯定会犯错误，但不朽的但丁告诉我们，上帝的审判是把冷酷者的罪过和热心人的罪过放在不同的天平上称量的。一个慈善为怀而偶犯错误的政府比一个铁石心肠一贯漠不关心的政府要好得多。

《罗斯福：狮子与狐狸》 第 358 页

国家和个人一样，也会犯错误。我们要有足够的勇气承认过去的错误，并加以改正。

《罗斯福选集》 第 445 页

我们需要更积极地执行法律，不仅是针对底层社会的头目，也要针对顶层社会的头目。

然而这并不够，因为还有进一步的巨大任务：需要通过铲除滋生犯罪的恶劣社会条件去消灭当前和未来的犯罪。健全的政策应能惩一而儆千。

《罗斯福选集》 第222—223页

地方政府、各州政府以及合众国政府都可以顺应时代的要求有所作为，而无须牺牲民主。

《罗斯福选集》 第137页

作为个人，我们可以从一个极端走到另一个极端。而像我们这样的政策，可不能摆动得这样远，这样快。政府只能根据我们大多数人民的思想和意志行事。

《罗斯福与美国对外政策》（上） 第416页

政府是不能无限期地等待的，否则早晚它就将失去采取行动的力量。

《罗斯福选集》 第176页

不论哪个政府只要想把人类的痛苦同党派政治联系起来，那就会太大地损害这个政府的适当治理。

《罗斯福：狮子与狐狸》 第361页

如果长期执政，最终也就不再能反映人民的意志，而当它不再反映人民的意志时，它也就不再是有效的管理工具了。对于这样的政党，当然，对国家也是如此，最好让它担任批评者的角色，而把政权交给反对党。

《轮椅总统——罗斯福》　第171页

进步主义的政府，顾名思义，应该是一个充满生气的、不断发展的政府。维护这样一个政府的斗争永远不会休止。如果我们有片刻或一年懈怠下来，我们将停滞不前，而且将在文明向前突飞猛进中向后倒退。

《罗斯福：狮子与狐狸》　第168页

我们不想把政府变成一个机械性的工具，而是要赋予充满活力的个性，体现出人类博爱的精神。

我们将力求建立起信仰，希望和博爱的庙堂，去取代特权的宫殿。

《罗斯福选集》　第128页

我们瞻望前途的艰苦时日，深感国家统一所给予我们的温暖和勇气，明确必须遵循传统的宝贵道德观念，坚信不分老幼克尽其责必能取得圆满成功。我们务使国民生计获得全面和长久的保证。

《罗斯福选集》　第18页

能够维持和平、消灭内战、辖治难以驾驭的贵族，使得大多数的个人生活得到保障的一个强有力的中央国家政权。

《罗斯福选集》　第3页

我认为政府的首要职责是保护各个阶层和各个集团的全体人民的经济福利。我在国会上届会议开幕时的咨文里讲了，如果私营企业在今春不能提供就业，政府就要着手应对这种萧条——而且我不会使人民失望。

《罗斯福选集》 第 176 页

我们正计划要求国会通过法律允许联邦政府实施公共工程，并借此来直接或间接刺激众多经过深思熟虑的就业项目的规模。

《罗斯福自述：走出危机》 第 45 页

当前的问题要求政府和人民双方都采取行动，我们遭受的主要是缺乏购买力所造成的消费者需求的不足。这要求我们来创造经济上的好转。

《罗斯福选集》 第 179 页

我们的首要任务是给人民工作。我们只要明智而勇敢地承担起来，这项任务并不是不能解决的。

《罗斯福选集》 第 16 页

我们公民的绝大多数期望自己的政府能保证建造防御的工具；而为了维持对劳资双方的民主保障，本政府决心运用其全部权力来表达人民的意志，并防止我国安全不可或缺物资的生产受到干扰。

《罗斯福选集》 第 300 页

我们现在的任务不是发现或开采自然资源，或者生产更多的商品；而是更冷静、更平稳地管好已有的资源和工厂，为我们的剩余产品重新开辟国外市场，处理消费不足的问题，按照消费调整生产，更公平合理地分配财富和产品，使现存经济组织适应为人民服务的需要。开明政治的时代已经到来。

《罗斯福选集》 第 9 页

人类社会的永不停止地演变，无疑会带来新的问题，需要做出新的调整。我们眼前的任务则是巩固和维护已经取得的进展。

《罗斯福选集》 第 179 页

自由篇：民主是一种不断追求美好的探索，是永无止境的进军

民主，……乃是一种探索，不断追求更美好的事物。而在追求这些事物，努力促其实现时，路子是很多的。但是，如果把这些路子都标画出来，我们又会发现，它们只不过都朝着两个总的方向。

《罗斯福选集》 第2页

我们力图保持安宁的今后的日子里，我们盼望有一个建立在四项基本自由的世界。

第一是言论和发表意见的自由——遍及世界各地。

第二是每个人以自己的方式崇奉上帝的自由——遍及世界各地。

第三是不虞匮乏的自由——从全世界角度来谈，这就意味着可以使每个国家保证其居民过上健康的和平时期生活的经济谅解——遍及世界各地。

第四是不虞恐惧的自由——从全世界角度来谈，这就意味着世界范围的裁军，并使之如此全面和达到这样的程度，以致任何国家都不会处于能对别国采取有形侵略行为的地位——遍及世界各地。

这并不是对于遥远的大同世界的幻想。这是在我们自己一代人的时代就能实现的一个世界的具体基础。这一个世界恰恰是专制主义的所谓新秩序的对立面，独裁者们正在企图在炸弹爆炸声中创造那个新秩序。

《罗斯福选集》 第279页

我们已经向全世界证明：民主制度本身就具有自我解救的必要因素。

新近才尝试民主方式的国家，不那么有信心，可能会倒退到过去的专制政体。对于政府为了消除过去的弊病和争取较多的人的更大幸福所采取的措施，可以信赖美国人民是能够作出明智的判断的。

《罗斯福选集》 第 57 页

除非同时存在机会相等，政治民主就不能存在。

《罗斯福选集》 第 121 页

没有经济上的独立和安全，就不存在真正的个人自由。"贫困的人不是自由的人。"饥饿和失业的人们正是制造独裁国家的原料。

《罗斯福选集》 第 467 页

垄断的最后结果，经济和财政控制在少数人手里的最后结果，不管在过去或现在，大都意味着把劳动力当作商品来占有。如果在合众国劳动力成了商品，最终就意味着我们会成为一个寄宿制的国家，而不是一个由家园组成的国家。如果我们的人民甘愿屈从，他们就是向传统的自由"告别"。人们不会为寄宿制去战斗，人们现在和将来都会为家园去战斗。

《罗斯福选集》 第 122 页

不仅是我们未来的经济稳定，还有我们民主制度的稳定，都取决于我们政府向无所事事的人提供就业的决心。美国的人民一致主张不惜任何代价来保护自己的自由，而这第一道防线就是保卫经济的稳定。

你们的政府，要保卫民主，就必须证明政府是能胜过使商业萧条的力量的。

《罗斯福选集》 第 181 页

如果人民通过民主方法建立一个坚强得足以保护他们免除恐惧和饥饿的政府，则其民主就是有效的了。然而，如果他们得不到这样一个政府，他们就会焦躁不安。因此，自由得以继续存在的唯一确实的屏障就是一个坚强得足以保卫人民利益的政府，以及坚强而又充分了解情况足以对政府保持至高无上统治的人民。

《罗斯福选集》 第 181 页

对我们许多人来说，由于经济上的不平等，一度赢得的政治上的平等已经失去意义。少数人的手里已经几乎全面掌握着别人的财产，别人的金钱，别人的劳动——别人的生命。对我们许多人来说，生活已不再是自由的，自由已不再是现实的，人们已不再能够追求幸福。

《罗斯福选集》 第 126 页

自由不是可以有无参半的东西。如果一个普通公民在投票场所享有平等机会，那么，在销售市场上他也必须享有平等的机会。

《罗斯福选集》 第 126 页

一个健全和强大的民主国家的基础并没有什么神秘之处。我们人民要求于政治和经济制度的基本东西是简单明了的。它们就是：

青年人和其他人的机会均等。

能工作的人要有工作。

需要安宁的人得到安宁。

结束少数人的特权。

保卫大家的公民自由权。

在更普遍的、不断提高的生活水平中享受科学进步的果实。

这些简单明了的基本的东西，在混乱和复杂得难以想象的现代世界里是一定不能一时无视的。我们经济和政治制度的内在的和耐久的力量就决定于它们所能满足人们期望的程度。

《罗斯福选集》 第 278 页

随着人类关系的日趋复杂，统治这种复杂关系的权力也必须增强——制止恶行的权力；推行善政的权力。我国的基本民主和人民的安全保障并不决定于不要任何权力，而决定于把权力委托给人民可以通过诚实而自由的选举制度定期决定去留的人。1787 年的宪法并没有使我们的民主软弱无力。

《罗斯福选集》 第 137 页

我们民主大厦的基石就是：政府的权力来自人民，而且仅仅来自人民这样一条原则。

《罗斯福选集》 第 412 页

真正恢复民主，政府尽可能直接对人民的意愿作出反应。

《罗斯福外传》 第 176 页

政府的成员都要作为接受全体人民的委托那样去工作，那么政府就会得力。它要是随时了解一切情况，它就可以不断前进。人民了解政府一切作为的真实情况，政府就可以得到应有的支持和恰当的批评。

《罗斯福选集》 第 140 页

人民有权自由选择他们作为自由人而将生活于其下的政府和制度。

《罗斯福选集》 第 493 页

被允许为了自由人挑选自由的领导人这种自由的抉择是多么难能可贵……

《罗斯福选集》 第 217 页

要维护一个有作为的民主制度，就要有很大的耐心来采用各种方法，要虚怀若谷。然而，从纷纭杂乱的呼声之中，可以了解到公众最需要的是什么。那么，政治领导就可以表达共同的理想，并促其实现。

《罗斯福：狮子与狐狸》 第 380 页

在民主制度之下，政府和人民之间总是存在着一种庄严的互相讲真话的契约的。

《罗斯福选集》 第 352 页

有一个进程是我们肯定改变不了，大概也不应该去改变的，那就是普通男女对于他们理想的事态的感觉。

《罗斯福选集》 第 211 页

有思想自由的国家都不能避免它们国境内每个家庭围着火炉去自行考虑证据和作出裁决，而有教养的男女公民的这种结论，归纳起来就当然会成为国家的裁决。

我们所谓舆论最终决定政策就是指的这个意思。而这也是正确和合理的。

《罗斯福选集》 第 211 页

民主的方式就是自由讨论，自由讨论在涉及到并限制在事实上的时候是最为有效的。

《罗斯福选集》 第 215 页

在我们历史上，美国人从来都是随时准备作为自由的人去坚持自己的权利，为自己的权利而战斗的。

我们的一切权利都是相互依存的。信仰自由的权利离开言论自由就毫无意义。

《罗斯福选集》 第 310 页

美国制度继续要求取消特权，要求传播全部真情实况，要求社会中间阶层以及最底层的人民都分享繁荣。

《罗斯福选集》 第 174 页

我们所做的一切，都是为了使美国人民的历史传统得到实现。其他国家可能牺牲民主来追求古老并被抛弃的独裁制度的一时的刺激作用。而我们是在人民当家作主的情况下恢复信心和幸福。

《罗斯福选集》 第 67 页

但有时要花好长时间才能使人民的意志最终获胜。

《罗斯福外传》 第 115 页

民主的程序比起独裁的程序要缓慢，这是必要的和正确的。但是，我拒绝相信民主程序需要缓慢到危险的程度。

《罗斯福选集》 第 100 页

越来越多的人，由于思想比较清楚，认识比较明确，考虑的已是全局，而不是仅仅涉及一个部门、一个农作物、一类工业或是个人行业等局部问题。这是民主原则的巨大进展。

我国绝大多数人民，在评断所见所闻中是懂得如何分辨良莠的。他们懂得重建美国的过程不是一天之内，也不是一年之内完成得了的。

《罗斯福选集》 第 80 页

放弃基本自由来换取一点暂时平安的人，既不配享受自由，也不配享受平安。

《罗斯福选集》 第 273 页

为了自由，我们可能不得不付出沉重的代价，我们将积极热情地付出这个代价。不论代价如何，它都是一千倍地值得的。

《罗斯福选集》 第 342 页

那些古老的"切身权利"，即阅读、思考、言论和选择生活方式的权利，无论如何都必须受到尊重。

《罗斯福选集》 第 13 页

美国人民现在有可能"用选票而不是用枪炮"捍卫自己的权利。

《轮椅总统——罗斯福》 第 134 页

争取社会正义和经济民主的斗争……是一场长得令人不耐烦的艰难战斗。

《罗斯福选集》 第 223 页

我相信教育在我国大大普及的一天迟早总会到来。等到那一天，教育会变得那样普及，那样纯洁，那样具有美国风格，等到那一天，像在总统选举中笼罩在我们头上的那种污秽不堪的气氛就无法继续存在了。

《罗斯福：狮子与狐狸》 第 144 页

科学和民主一起对于个人可以提供越来越丰富的生活和越来越大的满足。

《罗斯福选集》 第 138 页

民主不是静止的东西，它是永无止境的进军。

《罗斯福选集》 第 89 页

我们执行了援助民主国家的政策——援助为维护人类自由而战斗的国家。

《罗斯福选集》 第 290 页

一切自由——这里指的是生存的自由，而不是征服和压制其他民族的自由——都取决于海洋上航行的自由。全部美洲史——北美、中美和南美的历史——都无法规避这几个字眼："海洋上航行的自由"。

《罗斯福选集》 第 294 页

我们内在的精神唤醒并教育我们去寻求精神上的安宁——心情平静，坚信未来，乐天知命，这些才使人们可能生活下去，而且生活得美满。

《罗斯福选集》 第 90 页

然而，经过那次斗争以后，人们的创造才能在我们的国土上激发了新的力量，重新安排了我国人民的生活。机器时代，铁路时代；蒸气和电气时代；有线电报和无线电；大规模生产，大规模分配——所有这一切带来了新的文明，也为那些要求保持自由的人带来了新的问题。

《罗斯福选集》 第 125 页

我们信仰民主；我们信仰自由；我们信仰和平。我们向全世界每个国家伸出睦邻政策之手。愿那些希望同我们友好的国家同我们真诚相见，携起手来。

《罗斯福选集》 第 135 页

我们知道民主不会死亡，因为唯有民主制造就了——一种没有限度的文明，能够在改善人类的生活方面取得永无止境的进步。

《罗斯福自述：走出危机》 第 224 页

在美洲各国，对民主的向往所造成的冲击，向来是不可抗拒的。操各种语言的世界各国人民都一直把美国叫作新世界，并不是由于这块大陆是一片新发现的土地，而是由于来到这里的人民相信，他们能够在这块大陆创造出一种新的生活，一种能在自由方面展示全新面貌的生活。

《罗斯福自述：走出危机》 第 225 页

人们对民主的向往，并不仅仅是人类历史上最近才有的现象，它与人类历史同在。它曾广泛见之于古代早期人类的生活当中，又在中世纪重新焕发出光辉，并且在《大宪章》中得到了反映。

《罗斯福自述：走出危机》 第 224 页

这些人[①]有的地位高贵，但大部分是寻常百姓，他们或迟或早地来到这里，目的是寻找更大的自由。

《罗斯福自述：走出危机》 第 224 页

那些最初到此以实现其渴望的人们，那些随他们之后抵达的数以百万计的人们，以及他们所留下的子孙后代，都在坚定不移、始终不渝地奔向一个理想，而随着每一代人的嬗递，这个理想本身也不断成长和日益明确起来。

《罗斯福自述：走出危机》 第 225 页

---

① 这些人是指从四面八方涌集于美国的移民人潮。

挑战篇：我们能够面对统治世界的阴谋而毫不畏惧

我们的民主制度也面临挑战：在我们的国家里，我看到几千万的公民——全体人口的相当大的一部分——他们现在还得不到按今天的最低水平也应该叫作生活必需品的大部分东西。

《罗斯福选集》 第 139 页

虽然有幸的人数不多，但却有人在必要作出决定时畏缩不前，还责怪别人冒失，抱怨我们所做的一切都是不必要的而且冒着巨大的风险。现在一旦走出避风的地下室，这些人就忘了曾经有过暴风。

《罗斯福选集》 第 74 页

我们也正在接受一场休养，朗和库格林①流行性感冒恶病。整个国家每一根骨头都在病。

《当代美国总统与社会》 第 82 页

如果说我国人民的精神力量曾一度受到考验，那么，这就是在 1929 到 1933 年那可怕的萧条时期。

当时我国人民很可能求助于外来的意识形态——如共产主义或法西斯主义。

---

① 朗和库格林是 20 世纪 30 年代美国社会亲法西斯倾向的右翼代表人物。

但是，我们的民主信念坚如磐石。美国人民在 1933 年所要的不是削弱民主，而是更多的民主——这也正是他们最后得到的。

《罗斯福与霍普金斯》(上)　第 71 页

第一条真理是：民主自由是不保险的，如果人民容忍私人权力增长到比民主国家本身还强大。这实质上就是法西斯主义——由一个个人，一个集团，或任何其他支配性的私人权力成为政府的主宰。

第二条真理是：民主自由是不保险的，如果国家的企业经营体制在提供就业、生产和分配商品上不能维持一种可以接受的生活水准。

《罗斯福选集》　第 186 页

如果民主制度不能保卫我国每一个人免于匮乏和贫困，我就不会要求任何人去保卫它。我国的国力不得由于政府未能保障其公民的经济利益而有所削弱。

《罗斯福选集》　第 267 页

民选，从各方面讲，都必然是一种自由的选择。全世界的一切有自由选择的国家都不会建立法西斯式的政府，纳粹式的政府或者日本军阀式的政府。因为这类形式的政府都是夺取权力的产物，紧接着就是剥夺自由。对这种政体，联合国家可以恰如其分地说："决不许重现。"

《罗斯福选集》　第 412 页

为了文明必须付出艰苦工作，悲伤和流血的代价。这种代价并不是太高的。如果你们怀疑这一点，就去问一问今天生活在希特勒主义专制统治下的那千百万人吧！

《罗斯福选集》　第 364 页

我们知道，如果没有联合的共同基础，如果不考虑他们有一致的权欲和他们都对正常的民主秩序不满的话，每个集团都想搞专制，可是民主秩序不允许他们立即实现专制的目标……他们的任务就是妨碍实现强大的、目标明确的民主。但是现在，我们有力量，也有明确的目标，我们要保护这一切。

《轮椅总统——罗斯福》 第 373 页

专制制度就像地狱一样，我们不可能轻而易举地战胜它。

《轮椅总统——罗斯福》 第 456 页

独裁有可能靠严格管制把国家的所有力量都利用起来。而民主国家要把联合的实力利用起来，按照现代的文明标准，必须使人们了解当前发生了什么事件，了解自己的奋斗目标，而且确信他能取得属于他的那份物质和精神财富。民主和法西斯主义的区别就在这里。

《轮椅总统——罗斯福》 第 319 页

这种独裁能提高经济上的积极性，然而也将在越来越大的程度上把自己的力量用在生产毁灭性武器上，这样就会或迟或早使国家陷入浴血的战斗之中。

《轮椅总统——罗斯福》 第 319 页

我们的时代告诉我们，没有任何一群人能够强大得足以统治全世界。

《斯大林同罗斯福通信集》 第 143 页

虽然伍德罗·威尔逊认为美国当时正在缔造有利于民主的安全世界，问题却并不在于美国是否能够缔造有利于民主的安全世界，而在于民主制度是否能够保持世界安全，避免另一次战争的灾祸。

《罗斯福与美国对外政策》（下）　第 627 页

只有我们的成功，才能激起他们过去的希望。他们开始明白，在美国，我们正在为保存民主制度……进行一场伟大而成功的战争。我们为自己，也为全世界，为拯救一个伟大而珍贵的政府体制而战斗。

今年的大选，从某种意义说来，是在同德国较量……。民主确实是在经受着考验。

民主仍然是世界的希望，如果在我们这一代，能够在美国继续成功地运用它，它就将发展并取代其他统治人类的制度。

《罗斯福与美国对外政策》（上）　第 195 页

如果我要听信当前某些灾难预言家的说法，我就会在这些改建上迟疑不决。我就会担心，……建筑师们可能建造某种奇特的新的哥德式塔楼，或是一座工厂厂房，或是模仿克里姆林宫或者波茨坦宫的某种建筑。然而，我并不担心这些。建筑师们和建筑工人是有常识的人，是有美国艺术鉴赏力的人。

《罗斯福选集》　第 66—67 页

我们的胜利就意味着自由的胜利。

他们懂得，我们的胜利就意味着民主制度的胜利——家庭理想、普通为人处世的朴素原则和人道主义的胜利。

我们的胜利就意味着宗教信仰的胜利。

而他们是容忍不了这个的。世界太小，不能对希特勒和上帝都提供充分的"生存空间"。

《罗斯福选集》　第 338 页

即便在彻底独裁制度下生活了整一代人时间的国家——无论如何欺骗宣传，实行检查制度，压制言论自由——人们对自由的热爱也是压制不了的。

《罗斯福选集》 第 428 页

在"忠贞"和"服从"这两个词之间是有巨大的差别的。在独裁国家里，通过使用威胁、强迫或讹诈，可以得到并且强制服从，政府也可以通过对公民隐瞒真情实况而骗取服从。

忠贞则不一样。忠贞来源于理智，它了解真情实况，保持古老的理想，不需要压制就拥护自己的政府。

忠贞是收买不来的。光靠金钱是打不赢这场战争的。

《罗斯福选集》 第 285—286 页

如果另一种形式的政府在攻击民主制度方面组成联合阵线，那么这种攻击就必须而且必将遭到一个联合起来的民主制度的攻击。

《罗斯福》 第 177 页

我希望能通过冷静的协商和建设性的领导，为全世界出现新型的，更合乎实际的代议制政府体制提供稳定的影响力和必要的时机，从而使世界上的特权与暴力的势力范围削减，人类的福利得以增长。

《罗斯福与美国对外政策》(上) 第 133 页

比起我们民主国家奠基人——杰斐逊、杰克逊和林肯——时代，世界其余部分在一切方面都同我们靠近得多。在这样一个世界，互相比较是难以避免的。为了揭穿敌对制度的自我吹嘘，民主必须成为一种正面的、符合时代要求的概念。它再也不能继续保持否定——再也不能采取一种失败主义的态度。在世界当前紧张和危险的情势下，民主必须证明它本身值得挽救才能为了普通男女公民而得到挽救。

《罗斯福选集》 第 218 页

　　美国并不是可以被绥靖主义分子、失败主义分子和暗中制造恐慌的人弄得不知所措的一个国家。它乃是公开谈论自己的问题而不怕任何人耳闻的一个国家。

《罗斯福选集》 第 282 页

　　今天全世界有人的奴役和人的自由之分，我们选择人的自由，我们绝不接受一个由希特勒支配的世界。

《罗斯福选集》 第 300 页

　　我谈到了四大自由，……这一切不一定在全世界马上可以达到，但是人类的确在通过民主的程序朝着这些崇高的理想前进。而如果我们竟然失败——如果民主为奴役所替代——那么，这四大自由，甚至谈论它们，也会成为禁忌。又需要经过多少个世纪才能使它们复兴。

《罗斯福选集》 第 285 页

　　如果我们打败这场战争，就会经过几代人乃至几个世纪的时间才能使我们的民主观念重新实现。而只有我们放慢我们的努力，或者把我们的子弹浪费在互相中伤上，我们才可能打败这场战争。

《罗斯福选集》 第 354 页

　　在世界的历史上从来没有过一个国家，竟会由于成功地保卫民主反而丧失其民主。我们正在准备抵抗一种威胁，绝不要被这种威胁所吓倒。我们的自由已经证明能够在战争中保存，但是绝不会能够在投降中保存。

《罗斯福选集》 第 298 页

民主有了新的意义，因为这个词，不论拼写时用大写的"D"还是小写的"d"，都包含了两种含义。

应用在世界范围，这个词的意思是指保卫伟大的自由免受专制主义黑暗势力的侵犯和进攻，这种势力妄想重新奴役全球，把进步的时钟倒拨五百年。

从国内来讲，民主代表着维护和改善个人条件、保卫我们共和国一个半世纪以来所取得的社会和经济方面的自由。虽然两种定义在措辞上有所不同，它在两个领域里的目标则是一致的。

《罗斯福选集》 第 306 页

好的社会是能够面对统治世界的阴谋和外来的革命而全部无所畏惧的。

《罗斯福选集》 第 280 页

我们担心的是恐惧心理，因此我们同恐惧心理进行了搏斗。朋友们，今天我们已经战胜了最危险的敌人，我们征服了恐惧心理。

《罗斯福选集》 第 124 页

在所有被占领的国家里，都有男人和女人，甚至幼小的儿童，从未停止战斗，从未停止抵抗，从未停止向纳粹分子证明，他们的所谓"新秩序"永远也强加不到自由人民的头上。

《罗斯福选集》 第 360 页

为了保存民主制度，我们需要一致行动，勇敢地处理国家面临的问题，并且证明，民主政府的实际运用足以担当保障人民安全的任务。

《罗斯福选集》 第181页

我们知道，会有少数的人——全体商人和银行家和工业家里面的一小撮——将为保持他们现在对于我国工业和金融业掌握的独裁统治而战斗到底的。同这一小撮人，我们是打算要战斗的——对我说来是一场乐于接受的战斗，但也是同祸害绝不妥协的战斗——不到必胜之日决不罢休。

《罗斯福选集》 第170—171页

我们就会走进一个新的可怕的时期，整个世界，包括我们这个半球，都将屈从于野蛮武力的威胁之下。要在那样一个世界上求生存，我们就将不得不把自己永远转化成建筑在战争经济基础上的军国主义国家。

《罗斯福选集》 第262页

信念篇：民主的明灯一定要永照不熄

　　民主在几个其他大国中已经消失——这并不是因为那些国家的人民不喜欢民主，而是因为他们厌烦失业和缺乏安全保障，厌烦由于缺乏领导引起的政府的混乱和软弱，眼看自己孩子挨饿而无能为力。最后，万般无奈，他们选择了牺牲自由，希望换口饭吃。我们在美国的人知道我们的民主制度可以得到保存并发挥其作用。但是，为了保存民主制度，我们需要一致行动，勇敢地处理国家面临的问题，并且证明，民主政府的实际运用足以担当保障人民安全的任务。

　　历史证明：独裁不产生于坚强有效的政府，而产生于软弱无效的政府。

《罗斯福选集》 第 180—181 页

　　然而，这不仅仅是我们个人的物质基础的恢复。它也是对我们民主程序和制度的信念的恢复。我们已经终于通过了一次经济大灾难的各种艰难险阻。我们已经在对我们国家考验的最黑暗的时刻保持了我们有能力掌握自己命运的信念。在各方面，恐惧在消失，信心在增长，对于人类借助民主政府的形式改善自己物质和精神状况的巨大可能性，人们正在重获信心。

《罗斯福选集》 第 86 页

如果极右和极左分子联合起来，国家将会出现什么情况？在此之后，那些故意捣乱的人们会去冒险，并且许诺在大地上实现极乐世界，与此同时却不相信民主。这样就会走向独裁。

《轮椅总统——罗斯福》 第 373 页

封建制度与法西斯制度也没有什么区别。如果你相信其中一个，也就会倾向另一个。

《罗斯福选集》 第 174 页

我们肯定拒绝利用经济崩溃的形势来建立国家社会主义（更不用说共产主义），或者暗中在政府内部为这样一种发展作准备。我们是通过民主措施来重新分配国民收入。

《罗斯福》 第 114 页

如果美国的民主制度不再作为一种具有生命力的事物向前发展的话，……那么，法西斯主义和共产主义，也许就会在老式的保守派共和主义不自觉的支持下在我国发展起来。

《罗斯福：狮子与狐狸》 第 468 页

二十多年以前，当你们大多还是小孩子的时候，我对俄国人是充满同情的。在共产主义的初期，我认为俄国的许多领导人是要为千百万人带来教育和良好的卫生条件，尤其是良好的机会的，俄国人在沙皇统治下是处在愚昧无知和被奴役的状态的。但我不喜欢共产制度下的军营式统治。我厌恶不加区别地杀害许许多多无辜的牺牲者。我完全不赞成排斥宗教。虽然我也知道，总有一天俄国会恢复宗教……

我与你们大多数人一样，曾经希望俄国会解决它自己的问题，它的政府会终于成为一个爱好和平的，得到人民爱戴的政府，实行自由投票，不干预邻国的主权完整。

《罗斯福与霍普金斯》(上)　第201—202页

　　毫无疑问……如果我们不能支持民主的传统理想和原来目标，共产主义思想必将在全国得势。……在美国，我们所面临的危险不仅仅是共产主义，同时还有经济和政治权力集中于古代希腊称之为寡头的那些人手中。

《轮椅总统——罗斯福》　第135页

　　如果的确有危险，危险则来自极力想要掌握我们民主政府的集中了的私人经济力量。它并不像某些(绝不是全体)掌握这种私人权力的人想使人民相信的那样，来自我们的民主政府本身。

《罗斯福选集》　第189页

　　如果每个家庭都拥有哪怕一百美元的国家证券或任何一家合法公司的股票，那时就不会再有人谈论布尔什维主义，而我们也就可以更加民主地解决我们的问题了。

《轮椅总统——罗斯福》　第8页

　　任何诚挚、讲道理的人都不会怀疑，在这样空前的、激动人心的事业中，纯粹判断上的错误是难以避免的，凭良心办事的人之间也是不时会发生歧见的。如果有人认为，我们在民主体制下工作，竟然在这场战争中犯了大错，那么，他就应该看看，我们的敌人在所谓"高效率的"独裁制度之下所犯的一些严重错误。

《罗斯福选集》 第441页

作为美国人，你们有权称自己为共产主义者，这是宪法赋予你们的权利，你们有些人正是这样。你们有权和平地、公开地鼓吹共产主义理论的某些思想，但作为美国人，你们不仅有权利，也有神圣的义务，使你们在鼓吹改革法律的同时，不越出美国宪法所规定的方式——你们无权在美国以任何举动或行为来暗中破坏我国的政府和宪法。

《罗斯福与霍普金斯》(上) 第202页

应该有一种"新闻自由港"遍设于全世界的战略据点，这样任何地方的居民就不会因为极权主义的检查制度，而得不到其他地方的人民可能获得的同样消息。

《罗斯福与霍普金斯》(下) 第337页

民主的明灯一定要永照不熄。为了使这盏明灯长明，我们每一个人都要做出贡献。个人的单独努力似乎很小。……千百万人，都在野蛮的黑灯瞎火中勇敢地护卫着民主的伟大光辉，光是剪剪灯芯，擦擦灯罩是不够的。我们必须供应越来越大量的燃料来保持它光辉永照，这个时刻已经到来。

《罗斯福选集》 第285页

我们坚决相信，一旦我们的生产全面展开，世界上的民主国家就会证明独裁国家是胜利不了的。

《罗斯福选集》 第283页

我深信国会和美国人民将会接受克里米亚会议的成果，把它们当作一个永久性和平结构的开始，并以它们为起点开始在上帝指引下缔结一个更美好的世界——我们的儿女和孙儿女——你们的和我的，以及全世界所有的人的儿女和孙儿女——都必须生活，也能够生活下去的更美好的世界。

《罗斯福选集》 第 521 页

我应该特别感谢千百万美国人民，他们勇敢地承受了灾难，在风暴中始终满怀信心。

《罗斯福选集》 第 124 页

我坚信，我国人民既已作出努力，今后必将为自己的子女缔造出更加美好的未来。

《罗斯福选集》 第 89 页

我们知道民主不会死亡，因为我们若透过表象看问题，就会发现民主制仍在各个大陆不断传播，因为它最为人道、最为先进、并且最终也是所有人类社会形态中最不可战胜的一种。

《罗斯福自述：走出危机》 第 224 页

一个国家也像一个人一样，拥有某种较深沉的东西，某种较长久的东西，某种大于其各个组成部分总和的东西，这种东西与国家的未来关系甚大，要求人们至为神圣地捍卫国家现在的状况。

对于这种东西，我觉得难以甚至无法想出一个简洁的词汇加以描述。

但我们大家都知道它是什么，它乃是精神，是美国的信念。

《罗斯福自述：走出危机》 第 225 页

维护这个国家的精神和信念，一定而且必将为我们在捍卫祖国的事业中作出的每一牺牲赋予至为崇高的意义。

《罗斯福自述：走出危机》 第 226 页

为了应付当前的危险，我们必须在感情上和理智上都是坚定的；在我们的信仰上是坚定的——在信仰我们的生活方式上是坚定的。

《罗斯福选集》 第 242 页

然而，为了维护我们美国的自由，我们不仅随时准备在防务上花费千百万的钱，而且随时准备服兵役，甚至献出自己的生命。

《罗斯福选集》 第 243 页

我对于我国的青年抱有绝对的信心；我对于你们的立场没有丝毫的怀疑。我只要求你们保持自己队伍的纯洁，清除加重祖国危机使之更难保卫的破坏性影响。

《罗斯福选集》 第 308 页

信赖我们的武装部队——依靠我国人民的坚定决心——我们将取得必然的胜利——上帝助我！

《罗斯福选集》 第 324 页

我们知道民主不会死亡——因为它建立的基础是我国男女老少那

种未受压抑的首创精神。他们携手投身于一项共同的事业———一项事业的承担和完成，都体现了自由的多数人所自由表达的意愿。

《罗斯福选集》 第 223 页

我们知道民主不会死亡，因为在所有的政府形式中，唯有民主制能调动人们获得开化的意志的全部力量。

《罗斯福选集》 第 223 页

面对着这个有待完成的任务，我们应该知道：我国的情况是良好的；我国的心脏是健全的；我国的精神是旺盛的；我国的信念是永恒的。

《罗斯福选集》 第 403 页

我国把自己命运交托给自己千百万男女自由人的双手里、头脑里和心灵里；把自己信念寄托在上帝指引下的自由上。自由意味着各地的人权至上。我们支持为争取或保卫人权而斗争的人。我们的力量在于我们的目标一致。

对于这个崇高思想，其结果只能是胜利。

《罗斯福选集》 第 280 页

只要我们遵循我们的民主信念所制订的路线和方向，我们的生活道路现在看来就更明朗了。

《罗斯福：狮子与狐狸》 第 576 页

环球篇：把一系列事件作为整个世界模式的组成部分来观察

世界和平不是哪一个党派问题，……世界和平的机构决不是一个人、一个政党或者一个民族的事情。它必须是一种以整个世界的共同努力为基础的和平。

《罗斯福外传》 第 379 页

我们美国人正在采取一种长远的观点去观察某些基本规律，去观察一系列发生在陆上和海上的事件，把它们当作一个整体——当作世界模式的一个部分。

《罗斯福选集》 第 315 页

这个整体就是我们建立一个安宁和富有成果的世界的希望所在，在这样一个世界里，所有国家的普通人都能从事自己擅长的工作，太平地交换自己的劳动产品，在和平和安宁中掌握各自的命运；在这样一个世界里，各国政府，作为对共同幸福的主要贡献，都十分坚定有效地一道处理实际的事务，而且，由于认识到任何影响及国外的政策或法案必须联系到这种影响予以考虑，都以这种认识来指导自己的行动。

《罗斯福选集》 第 505 页

快速通讯的现代奇迹已经使得这个世界大为缩小。

《罗斯福选集》　第 506 页

今天，科学已经使得地球的四面八方如此靠近，以致无法使各地相互隔离。

今天，我们面对着这样一个突出的现实：要让文明存在下去，我们就必须培植人类关系的科学——各种各样的一切民族在同一个世界上和平地一起生活和一起工作的能力。

《罗斯福选集》　第 523 页

现代世界在技术上和精神上是休戚相关、互为依靠的，任何国家都不可能与世界其余部分的经济和政治危机完全隔绝开来。

《罗斯福选集》　第 153 页

过去一代人在各国人民间相互交流上取得的非凡进步，为促进和平和和平组织所必然要依赖的互相谅解，提供了实际可能的办法，而我们的政策和宗旨就是要为了世界的共同利益来运用这些巨大的技术成就。

《罗斯福选集》　第 494 页

美国不能以昂贵的常备来建立坚不可摧的围墙，像东方人那样生活在与世隔绝的状况下，沉湎于过去的成就。……我们必须睁开双眼，看看现代文明已变得如此复杂，文明人的生活已与其他国家的其他人的生活如此紧密地交织在一起，要想生活在这个世界上而又不与这个世界发生关系，那是不可能的。

《罗斯福正传》　第 223 页

正如生活中大多数困难复杂的事物一样，国家之间只有在实际的共事中才能学会共事。

《罗斯福选集》　第 448 页

大国之间的困难只能靠坦率友好交谈才能排除。

《罗斯福选集》　第 49 页

如果各国之间失去了互相了解的能力，接踵而来的可能就是悲伤和毁灭。

《罗斯福选集》　第 210 页

拒绝采取克制态度和尊重他人自由和权利的任何国家，都不能长久保持和保有他国的信任和尊重。调合同他们的分歧，对他们采取很大的耐心，考虑到他国权利的任何国家，都永远不会丧失自己的尊严和威望。

《罗斯福选集》　第 154 页

美国的对外政策必须坚持国际条约的神圣性，这是国与国间一切关系所赖以依存的拱心石。

《罗斯福》　第 320 页

国家之间的秩序首先要求有一些持久的东西——某种法制，个人在一个长的时期内乐意在这种法制下生活下去。人类是永远不会长期接受由征服所强加的建立在奴役上的体制的。

《罗斯福选集》　第 282 页

我一直在思考是否应该致力于结束目前合众国一亿二千五百万人民和俄国一亿六千万人民之间的不正常关系。

在两个伟大民族之间，一个多世纪中曾经存在着愉快的友好传统，对双方都有好处，现在竟无法直接进行实际的交往，实在极其遗憾。

《罗斯福选集》　第 49 页

通过对话，在目的和方法上我们是完全可以取得一致的。对于解决那些沉重地压在……全世界男女们心头上的问题，对话给了我们新的力量。

我们之间的对话……的结果是使两国在共同的问题上取得了最大限度的谅解。

《罗斯福与美国对外政策》(上)　第 60 页

在对外政策方面，我认为我国应该奉行睦邻政策——决心尊重自己，从而也尊重邻国的权利——珍视自己的义务，也珍视与所有邻国和全世界各国协议中所规定的神圣任务。

《罗斯福》　第 129 页

我们面临的问题是如此广泛而又相互牵涉，哪怕只是提一提这些问题，也必须想到五大洲七大洋。

《罗斯福》　第 225 页

合众国，作为一个国家，对文明在向前发展时却把我们自己封锁在一道古老的中国长城后边的企图，无论何时都是要明确地坚持予以反对的。

《罗斯福选集》　第 271 页

我们在开始我们面临的伟大任务时必须一劳永逸地丢掉那种认为我们竟还可以把自己从其余的人类孤立出来的幻想。

《罗斯福选集》　第 232 页

随着时间的推移，美国人民开始想象到民主国家的灭亡对于我们的民主会意味着什么。

《罗斯福选集》　第 272 页

黑暗的旧世界被相互冲突的宗教之间的战争所摧毁。黑暗的现代新世界正面临着由于相互冲突的经济和政治狂热而引起的战争，其中还夹杂着种族仇恨。说得具体一点，它就像在合众国这片领土的范围内，四十八个国家，有四十八种不同的政治体制，四十八种关税壁垒，四十八种语言和四十八个不同的永恒真理，它们都在把自己的时间和财富用在极力使自己强大得足以征服邻邦，或者强大得足以抵御邻邦的征服。

《罗斯福选集》　第 133 页

世界上不需要有任何国家，由于领土辽阔或由于军事威力，就声言有权不顾其他国家或其他人种的反对而踏着鹅步称霸世界；我们相信任何民族，不论多么小，都有其组成国家的天然权利。

《罗斯福选集》 第288页

在地球上任何人种竟然适合充当同属人类的其他人种的主宰，这种事情以前从来没有，现在没有，将来也永远不会有。

《罗斯福选集》 第288页

在未来的世界里，所谓"强权政治"所指的那种滥用权力绝不能成为国际关系中的支配因素。我们不能否认，强权在世界政治中是一个因素，正如我们不能否认，在国家政治中，强权是作为一个因素而存在着。但是，在一个民主的世界里，正如在一个民主国家里，权力必须同责任联系在一起，并且必须在普遍利益的结构里证明使用这种权力是正当和合理的。

《罗斯福选集》 第491页

至善主义可能成为通向国际和平道路上的障碍，在这方面并不亚于孤立主义、帝国主义或者强权政治。我们不要忘记，四分之一世纪以前我们退缩到孤立主义并非始于直接攻击合作，而是攻击和平的所谓不完善。

《罗斯福选集》 第491页

作为一个国家，我们可以由于心慈手软而感到骄傲，但是我们却不能任人摆布。

《罗斯福选集》 第 273 页

世界上的任何严重敌对行动，无不以这样或那样的方式影响美国的利益、权利或义务。

《罗斯福与美国对外政策》(上) 第 210 页

爱好和平的国家，在今天运用诈骗恫吓手段来取得优势的千变万化的欧洲关系和亚洲关系中不得不经常同这一方或那一方结盟，……它们有赖于在国际政治棋盘上不断地移动才能求得同一性。

《罗斯福与美国对外政策》(上) 第 167 页

夸大孤立的事件，或是被某一件暴力行为所激怒，都是不符合一个大国的地位的。然而，面对着证据说明这事件并不是孤立的，而是全面计划的一部分，却还要去缩小这种事件的意义，那就是不可饶恕的蠢事了。

《罗斯福选集》 第 315 页

我国国内情势乃是同世界其他国家的状况不可免地并且深刻地联系在一起的。……除非我们能使全世界都获取重新繁荣，我国的重新繁荣也是不会持久的。

《罗斯福选集》 第 37 页

除非世界上其他地方经济稳定，美国未来的经济安全就要受到威胁。不论是从军事上还是经济上的意义来说，我们都不能使美国成为一个孤岛。希特勒主义和任何其他形式的罪恶与疾病一样，既可以从军事经济制度也可以从经济封建制度的土壤中生长出来。

《罗斯福选集》 第 401 页

只有利用全世界的生产来满足全世界的需要，我们才能解救遭受轴心国铁蹄蹂躏的普通老百姓。

《罗斯福选集》 第 448 页

在现代世界上，几乎没有什么人自己生产自己吃、穿、住的东西。只是通过人民中间以及各种不同资源的地理区域之间的分工，通过专业化造成的全面提高生产，任何现代国家才能够养活自己的居民。

《罗斯福选集》 第 503 页

由仅仅几个大国赢得一种暂时的、大概是人为的外汇稳定，这种似是而非的论点是不会使全世界长期泰然处之的。

到了全世界大多数国家制定出协调的政策来平衡预算和量入为出时，我们才可以恰当地讨论如何更合理地分配世界的金银资源，用来作为各国货币的储备基础。

《罗斯福选集》 第 40—41 页

我们并不认为更加自由化的国际贸易就会防止战争，但是，我们担心没有更加自由化的国际贸易，战争就将成为必然的结果。

《罗斯福选集》 第 133 页

（美国）还具有伟大的潜力，而伟大的西部，西海岸和加利福尼亚尤其是这样。

我到过世界上许多地方，但我从来没有像在这里那样感觉到引人深思的变化和发展，在这里，似乎古老、神秘的东方就在近旁，在这里，我们可以迎接全世界一切生活、思想和贸易的新潮。仅仅这一个因素，就可以使得立足于这个地区的人警觉到事物的更深一层的意义。

《罗斯福选集》　第 2 页

和平像慈善事业一样，要从国内开始，这就是为什么我们已先从国内做起的原因，从北美这里开始，然后发展到南美和中美。但是，我们所追求的、不仅是西方世界的和平……

《罗斯福与美国对外政策》(上)　第 184 页

英国、俄国、中国和合众国及其盟国，代表了全世界四分之三以上的人口。只要这四个军事大国团结一致，决心维护和平，就不会出现一个侵略国再次发动世界大战的可能。

《罗斯福选集》　第 454 页

文明社会和人类幸福的发展是基于个人之间在互相关系上接受某些基本行为准则的。世界和平的发展同样依靠国家之间在相互关系上接受某些基本的行为准则。

《罗斯福选集》　第 163 页

如果英国、日本和合众国违背了进步思想的潮流，全世界就有理由谴责我们。我们三个国家，是主要的海上强国，不必互相害怕。为了世界的和平和复兴，我们不能逃避我们共同和各自担负的责任。

《罗斯福选集》　第 106 页

一个国家在外交事务方面甚至比内政事务方面更需要有一项基本而连续的政策。世界和平因此得到加强，因为每个国家能够更加长久地依赖其邻国而所采取行动。世界动荡与尔虞我诈在很大程度上源于外交政策的不确定性以及不能坚持那些既定的、无私的原则。

《罗斯福自述：走出危机》　第 68 页

尽管第一次世界大战的教训和悲剧仍历历在目，但是在今天，裁军问题成为压在全世界人民肩上的、比以往任何时候都沉重的负担。

《罗斯福自述：走出危机》　第 73 页

全世界所有国家都应当加入一项庄严而明确的不侵犯协定之中：它们应庄严地重申它们所负有的限制和削减其武装力量的义务；如果所有签约国都忠诚地履行这项义务，那么每个国家都应承诺，不会将任何形式的武装力量派往其国界以外的地方。

《罗斯福自述：走出危机》　第 75 页

一旦其他国家就现实而有效的裁军计划达成一致意见，合众国愿意加入到其他国家的行列当中来。我国随时准备加入任何公平、公正地削减武器装备并使世界人民从令人窒息的军费开支，以及遭受到侵略和攻击持续恐慌中解脱出来的世界协定。

《罗斯福自述：走出危机》　第 77 页

维持其他国家的立宪政府并非是美国政府独有的神圣职责。在这个半球维持法律秩序与政府的有序发展首先是每个国家在自己的边疆范围内要做的事情。只有当有序进展遭遇挫折影响本大陆其他国家之时，此问题才应成为他们所关注的问题；我要强调的是，在这种情况下，这个问题就会变成整个大陆所有比邻而居的国家共同关注的问题。

《罗斯福自述：走出危机》 第 84 页

让所有国家在短短数年内通过逐步推进的措施销毁其所拥有的全部进攻性武器，并不再增加新的进攻性武器。此举不能保证每一个国家都不受侵略，除非在实行之时有权以永久性和固定防御工事强化自己的边疆安全；并有权通过国际社会持续不断地审查，以确认其邻国也没有开发或保有进攻性战争武器。

《罗斯福自述：走出危机》 第 86 页

1939 年不仅将以举行美国两大世界博览会的一年载入史册，而且还将是全世界共同欢庆的一年，如果在这一年中也将出现走向永久世界和平的具体步骤。这就是今天整个地球上绝大多数男男女女和儿童的希望和祈祷。

《罗斯福选集》 第 209 页

警钟篇：和平不能靠愿望和等待，我们不能坐视世界文明的毁灭

世界不能等待冗长的议论。

私心虽然能一时得逞，难免导致最后失败。唯一值得我们尽心争取的，只有在全世界各地推进我们这一代的持续和平。

《罗斯福选集》 第38页

我们要和平——持久的和平。

《罗斯福选集》 第522页

世界和平受到威胁，其过失不在世界人民，而要怪人民的政治领袖。

《罗斯福：狮子与狐狸》 第343页

过去两年的经验已经无可怀疑地证明：任何国家都不能姑息纳粹。任何人都不能靠抚摸把老虎驯服成小猫。不能姑息残忍的行为。对于燃烧弹是不能讲道理的。我们知道，一个国家只有以彻底投降为代价才能同纳粹有和平。

《罗斯福选集》 第265页

纳粹分子们现在就在等着瞧我们合众国是不是会通过沉默而对他们开放走上这种毁灭性道路的绿灯。

纳粹对于我们西方世界的威胁早已不光是个可能性了。威胁现在已经成为现实——不仅来自一个军事上的敌人，而且来自一切法律、一切自由、一切道义、一切宗教的敌人。

《罗斯福选集》 第 318 页

绥靖主义者所谓希特勒无意于西半球的任何低声柔语，所谓宽广的大洋足以保卫我们的任何催眠乐曲——都不可能迷惑长期头脑冷静、眼光远大、实事求是的美国人民。

《罗斯福选集》 第 317 页

被动中没有安全，孤立并不是出路。

《罗斯福选集》 第 307 页

我们不能坐视全世界文明价值的毁灭。我们争取和平，不仅是为了我们这一代，而且为了我们孩子的一代。

《罗斯福选集》 第 162 页

我们想要的繁荣是一种健全和持久的繁荣，不是靠牺牲任何一个阶层或任何一个社会集团而暂时建立起来的繁荣。而我们想要的和平也是一种健全和持久的和平，是建筑在一切要和平的国家合作探求和平的基础之上的。

《罗斯福选集》 第 156 页

如果要我们在利润与和平之间进行选择的话，我们国家的回答将是，而且必须是，"我们选择和平。"我们大家的责任就是在我国造成这样的舆论，使我们的回答不但将是毫不含糊的，而且在实际作用上将是一致的。

《罗斯福选集》 第 134 页

我希望我们的伟大民主国家有足够的智慧，认识到回避战争并不是出于看不到战争。在一个互相猜忌的世界里，和平必须旗帜鲜明地去争取。和平不能光靠愿望。和平不能光靠等待。

《罗斯福选集》 第 162 页

爱好和平的国家必须作出一致的努力去反对违反条约和无视人性的行为，这种行为今天正在产生一种国际间的无政府主义和不稳定状态，仅仅依靠孤立主义或中立主义是逃避不掉的。

《罗斯福选集》 第 152 页

我国从来都有那么一批自得其乐的蠢人，他们认为只要所有美国人都回到自己家里，关上大门，我们就不会再有战争。即使他们出于最高尚的动机，事物的发展则已表明，他们是多么不愿面对现实的。

《罗斯福选集》 第 455 页

我们都已经懂得，洞再深也防不了野兽的侵袭。我们也都已懂得，如果不拔掉这世界上野兽的毒牙，它们就会越来越多，越来越厉害，它们就会在短短的一代人的时间又一次卡住我们的脖子。

《罗斯福选集》 第 401 页

以为我们可以在孤立主义幻想下求生存的美国人曾经想要我们美

国鹰去模仿鸵鸟的战术。现在，他们中间的许多人，由于担心我们可能把脖子伸得太远，又想要我们的国鸟变成乌龟。但是我们宁愿保持鹰的原来状况——飞得高，击得狠。

《罗斯福选集》 第 348 页

越来越明显，对人们说来，未来世界将是一个危险而龌龊的栖身之处——如果世界被一小撮人用武力统治的话，……我希望在我们美国人鸵鸟式的人物少一些。鸵鸟把头钻进沙里对它的生命安全并没有好处。

《罗斯福与美国对外政策》(上) 第 308 页

我们美洲已不再是一个遥远的大陆，海外的争执一定会波及我们，给我们带来利益或损害。……不论我们愿意不愿意，我们的大量资源，生气勃勃的经商活动，以及我们的人民的力量，已使我们成为世界和平中不可缺少的组成部分。

《罗斯福与霍普金斯》(上) 第 182 页

难道我们真的需要做这么一个假设，认为有些国家找不到比一千五百年前匈奴人和汪达尔人认识自己命运的更好的方法吗？假如有些国家真是这样的话，我们就面临一种更大的利害关系，它不仅仅是保卫我们这块环海大陆了。我们知道，下一代的发展将会大大缩小分隔我们同欧洲的海洋。不管我们是否愿意，我们的习惯，我们的活动，都不可避免地同欧洲的习惯和活动相融合。

《罗斯福与美国对外政策》(上) 第 265 页

现在，一些仍然持有明显误解的人们认为，我们美国可以在暴力哲学占上贝的世界上成为一个孤岛。这种孤岛可能是那些仍在议论并赞成孤立主义的人们的希望。然而，这个孤岛对我和大多数美国人来说，是一场噩梦。那里，饥饿的人们身陷囹圄，戴着手铐和脚镣，每天靠那些傲慢冷酷的外国先生从铁窗外丢进食物度日。自然，我们必须问自己，怎样才能禁止建造这种监狱，怎样才能避免坐牢。

《轮椅总统——罗斯福》 第 353 页

这个国家仍将是一个中立国家，但我们不能要求每个美国人在思想上也保持中立。即使是中立者，也有考虑事实的权利。即使是中立者，也不应该要求他闭上眼睛，昧着良心……

《罗斯福与霍普金斯》(上) 第 183 页

我们正当地拒绝以武力干涉的侵略，并不意味着我们必须袖手旁观，好像根本就不存在侵略，一纸空文可能是无效的，然而战争也并不是尊重国际舆论的唯一手段，还有许多不必诉诸战争的其他方法。

《罗斯福与美国对外政策》(上) 第 257 页

要挽救其中之一，我们现在就必须下定决心挽救所有的一切。舍战争而外，还有许多方法——但却是比仅说空话更为有力、更为有效的方法——可以使侵略国政府深刻了解我们人民的总的思想感情。

《罗斯福：狮子与狐狸》 第 497 页

你们必须在一开始就掌握住在国际间外交关系中存在的一个简单而不可更改的事实。只要世界任何一个地方的和平遭到了破坏，那么，世界所有国家的和平也就处于危险之中。

《罗斯福：狮子与狐狸》 第 505 页

越来越明显的是，靠恐惧维系和平并不比靠刀剑维系和平更崇高和更能持久。

《罗斯福选集》 第 213 页

世界大战的悲剧和教训犹新，全球各国人民所承受的军备负担却比此前任何时候更为沉重。究其原因，不外有二。第一，某些政府或明或暗地企图侵犯别国而扩张领土，……第二，其他国家则担心遭受入侵。

《罗斯福选集》 第 38—39 页

过量的军备本身就会引起恐惧和猜疑，从而酿成战争，军备竞赛则构成更大的威胁。

《罗斯福选集》 第 106 页

几个世纪以前那位最伟大的作家把"国内仇怨和国外战争"称之为笼罩着人间政治和人类社会的两朵最可怕的阴云。我们还没有消除这些危险，但是我们能够集中智慧来对付它们。

《罗斯福选集》 第 94 页

我们必须牢记，只要地球上存在战争，即使是最热爱和平的国家，也有被拖入战争的某种危险。

我曾目睹战争，我痛恨战争。

《罗斯福选集》 第 132 页

是时候了，全体美国人，整个南北美洲的美洲人，都应该丢掉那种不切实际的幻想，以为南北美洲竟能够在纳粹支配的世界之中幸福而和平地生存下去！

《罗斯福选集》 第 317 页

世界的政治情势近来发展得越来越恶劣，引起了那些希望同其他国家和民族和平友好相处的一切民族和国家的严重关切和焦虑。

《罗斯福选集》 第 151 页

要使那样的时代不致发生——为了获得一个可以自由呼吸的友好相处，无所畏惧的世界——爱好和平的国家必须作出一致的努力去维护法律和原则，只有如此，和平才能得到保障。

《罗斯福选集》 第 152 页

珍视自身自由、承认并尊重别人的自由及其在和平中生存的平等权利的国家，必须一道争取法律和道德原则的胜利，以使和平、正义和信心遍及世界。

《罗斯福选集》 第 152 页

要使文明得救，必须恢复基督的原则。必须重建国与国之间的信任。

最为重要的是：爱好和平国家的和平意志必须伸张到底，以促使可能被诱而破坏协议和侵犯他国权利的国家终止此种行动。必须做出保卫和平的积极努力。

美国痛恨战争。美国希望和平。因此，美国积极从事于寻求和平。

《罗斯福选集》　第 155 页

只要我力所能防，美国的和平就不会湮灭。

《罗斯福选集》　第 227 页

通过文明进步，上天给我们展现出前所未有的幸福前景，为了人类有可能在和平的环境中自由地享受这种幸福，我们要合作到底。

《罗斯福选集》　第 391 页

不能坚持法治而经常屈服于纯粹武力，就不可能有和平。

蓄意把战争威胁当作国家政策的手段，就不可能有和平。

蓄意把千百万受迫害而毫无办法的人驱赶到世界各地，任其流浪乃至无立锥之地，蓄意把这个当作国家政策的手段，就不可能有和平。

卑贱的人不能自由思想，不能自由表达自己的意见，不能自由崇奉上帝，就不可能有和平。

应该用于社会和经济建设的经济资源被转而用于加剧军备竞赛，

只会增加疑虑和恐惧，威胁每一个国家的经济繁荣，因之也就不可能有和平。

《罗斯福选集》 第 213 页

　　我国绝大多数人民群众是要和平的——国内的和平，以及不会危害我国国内和平的那种其他国家的和平。

《罗斯福选集》 第 227 页

　　最近这些年来的不幸事件都是毫无疑问地基于武力和武力威胁的。甚至在这场大战的爆发伊始，在我看来就很明确，美国的力量应该始终运用在为人类争取到一个会尽可能消除在国家间继续使用武力的最后和平。

《罗斯福选集》 第 225 页

临战篇：我们处于最危急的黑暗时刻，不能排除 1914 年事件重演

当流行病蔓延时，社会就要联合起来并把病人隔离起来，以免社会染上这种疾病。……战争是传染病，不管宣战还是没有宣战，都会蔓延。

《轮椅总统——罗斯福》 第 309 页

热爱和平的国家为什么不能联合起来把侵略者送进疯人院？必须设法制止他们这样干，使他们不能为非作歹。需要像隔离传染病那样，建立一条防疫线。

《轮椅总统——罗斯福》 第 308 页

如果意大利和日本使用了不宣而战的办法，我们为什么不能使用同样的办法呢？有这样一种办法，即实行经济制裁不用宣战。而我要采用这种办法。我们不称它为经济制裁，而称它隔离。

《罗斯福与美国对外政策》(上) 第 221 页

在强盗行径畅行的世界，就谈不上什么家国——或者任何个人——的安全。

对于在黑暗中摸上来，不加警告就进行进攻的强大敌人，也谈不上什么牢不可破的防务。

我们已经懂得，我们这个为大洋所环绕的半球并避免不了剧烈的

进攻——我们不再能用任何地图上的英里数来衡量我们的安全。

《罗斯福选集》 第 331 页

通过广播传来的每句话，在海上航行的每艘船，正在发生的每次战斗，无不与美国的前途息息相关。

《罗斯福：狮子与狐狸》 第 505 页

在敌人进犯后再去备战就无法生存。

《轮椅总统——罗斯福》 第 319 页

无论一个民族选择什么样的生活方式，这种选择决不允许以战祸威胁全世界。战祸的影响是限制不住的。战祸会冲开邪念恶图的闸门而危及文明生活。

《罗斯福选集》 第 215 页

引起战争的原因很多：有旧时的仇恨，动乱的国界，也就是那些"早已遗忘的陈年旧事和多年前的战争创伤"，也有新生的狂热，某些人深信自己已经成为最终真理和权利的独一无二的保护人。

《罗斯福选集》 第 132 页

不介入战争与佯称战争与己无关是截然不同的两回事。我们必须看到如果世界上所有小国都丧失独立，这会给我们自己的前途带来什么影响。……现在越来越清楚，将来的世界如果由几个人用武力统治，那就会成为一个卑陋而又危险的生活场所。

《罗斯福正传》 第 575 页

越讨论，越观察，就越发感到：要是整个世界沦入摆布被占领国和附庸国的势力的统治之下，那是多么令人可怕。这是必须一而再，再而三向民主国家说明的事。

《罗斯福与美国对外政策》（上）　第 410 页

欧洲和亚洲独裁国家的结合，绝不会使我们在为自身生存和民族事业而昂首前进的道路上止步，绝不会使我们停止支持那些抵御侵略的国家，它们正在远离我们国门的地方抵抗侵略者。……美国人民反对绥靖主义。

《罗斯福与美国对外政策》（上）　第 351 页

德国企图用国际纳粹教会代替我们文明的教会，用《我的奋斗》取代《圣经》，用纳粹党徽卍和出鞘的剑代替基督教会的十字架。

《罗斯福与美国对外政策》（上）　第 430 页

日本在过去十年中在亚洲所走的道路，同希特勒和墨索里尼在欧洲和非洲所走的道路，是相似的。今天，它已经远不是什么相似的问题了。它已成为经过仔细谋划的实际合作，而轴心国家的战略家现在已把世界上各个大陆和各个海洋都看成一个完整的巨大战场。

《罗斯福选集》　第 325 页

要记住，只要日本人摸不清楚我们的意图，他们就会感到犹豫，有所忌惮。

《罗斯福》　第 220 页

倘若日本竟然不幸决定追随希特勒主义和侵略道路，我们毫无疑问地相信，日本到头来肯定是失败者。

《罗斯福与霍普金斯》（上）　第 569 页

独裁者们绝不会满足于侵占有限的几个国家，他们的目的是征服全欧洲。

《罗斯福与美国对外政策》（上）　第 266 页

实事求是地讲，如果莱茵河边界遭到威胁，世界的其他部分也会遭到威胁。一旦这一带边界落入希特勒之手，德国的行动将无法抵挡。

《罗斯福与美国对外政策》（上）　第 260 页

这些日子，事情以可怕的速度在发展，我们必须从更广泛的范围来考虑问题。我们要警告美国人民，应该想到欧洲和远东可能出现的最后结局，……而又不要吓唬他们，以为他们正在被拖入战争。

《罗斯福》　第 182 页

正常的外交习惯做法——写篇照会——对于击沉我们船只和杀害我们公民的国际强盗是不可能适应的。

由于直到纳粹实际掐住自己的脖子之前都拒绝正视纳粹的威胁，一个又一个爱好和平的国家已经遭受了苦难。

《罗斯福选集》　第 318 页

无辜的人民，无辜的国家正在悲惨地成为攫取权力与霸权的贪婪者的牺牲品。

如果这类事情会在世界其他地方发生，谁也不能想像美国能够幸免，美国能够期望得到饶赦，西半球不会遭到攻击。

一旦这种日子来临，那时候武器不会保证你的安全，权威不会给你帮助，科学不会给你答案。狂风暴雨将把每一朵文明之花打落泥淖，整个世界将荡然无存，一片混乱。

《罗斯福外传》　第 248 页

一个国家想要同纳粹和平相处，只能以全面投降作为代价……

这种受人支配的和平，决不是什么和平。它只能是又一次休战，会导致历史上规模最庞大的军备竞赛，最富有破坏性的贸易战争。

我们南北美洲各国所有的人，可能就要在纳粹的枪杆子威胁下过日子——这枝枪装着爆炸性子弹，不但是军事方面的子弹，而且还有经济方面的子弹。

《罗斯福与霍普金斯》(上)　第 314 页

现在国际形势已经到了这样的地步，美洲各国人民必须注意日益增长的恶意和明目张胆的侵略倾向，必须注意不断扩充军备和缺乏理智的行动，这种情势孕育着导致大战悲剧的因素。

《罗斯福与美国对外政策》(上)　第 166 页

任何根据地理、距离和运输速度考虑问题的人将不得不承认，国家的安全在于保卫从阿拉斯加，加拿大到合恩角的整个美洲大陆。万一英法失败，美国就不得不小心戒备，并向获得胜利的独裁者们表明，无论在任何情况下，只要他们试图控制美洲大陆的任何一部分，他们就得另打一次一级的战争。

《罗斯福与美国对外政策》(上)　第 307 页

美国今后的既定政策是反对武力干涉。维护其他国家的合法政府并不只是由美国单独来承担的神圣义务……一旦美洲大陆其他国家陷入混乱……那么，我们毗邻相居的各国都要共同关心整个大陆。

《罗斯福与美国对外政策》(上)　第 122 页

美国必须做好准备，抵御敌人从北极到南极的包括对北美和南美在内的西半球的攻击。鉴于近年来世界上发生的一系列事件，鉴于科学发展对发动战争所起的作用，我们国家同这个我们居住的大陆——即从加拿大到火地岛的这块大陆——相关的整个方针都不得改变。……任何可能发生的攻击，已迫在眉睫，而五年前，二十年前或五十年前则不是这样的。

《罗斯福与美国对外政策》(上)　第 252 页

在目前的欧洲形势下，我感觉自己很像是在一个没有门的墙上去找一扇门。

《罗斯福：狮子与狐狸》　第 325 页

整个欧洲的全景基本上处于黑暗时期，而现在……我有生所处的时期中是最黑暗的，也许就是长期战乱之前，仅有的最后和平的日子。

《罗斯福与美国对外政策》(上)　第 176 页

毫无疑问，当前时代是你我一生所见的世界上千钧一发的最危急时期，我甚至不能排除 1914 年 6 月和 7 月的事件重演。

《罗斯福与美国对外政策》(上)　第 146 页

如果我们参与战争，就要尽可能使远离我国的海岸，而且要争取尽可能多的同盟国，不论它们的意识形态如何，也不论在共同的敌人消灭以后，它们可能对我们采取怎样忘恩负义的态度。

《罗斯福与霍普金斯》(上)　第 193 页

现在已经开了枪了。而且历史也已记载了谁开了第一枪。但是，从长远来说，极关紧要的是，谁开最后一枪。

《罗斯福与霍普金斯》(上)　第 515 页

一旦其他大陆发生战争，我们的现行政策和国会所通过的措施，将会减少美国公民原本可以获得的战争利润。为战时市场进行的工农业生产可能给少数人带来巨大财富；但是对整个国家来说，战争带来的只是灾难。

《罗斯福选集》　第 133 页

　　在国内，我们曾经有过一个时期抱有不切实际的希望，以为战争不会临到我们头上；海外的无情事态教育我们：被动中没有安全，孤立并不是出路。

《罗斯福选集》　第 307 页

　　现在已经到了这样的时候，你们和我本人都必须看到冷酷无情的必要性，去警告这些妄想用刺刀征服世界、永远支配世界的不人道、无节制的人："你们打算把我们的孩子和我们孩子的孩子投进你们的恐怖主义和奴役结构。你们现在已经进犯了我们的安全。你们走得够远了。"

《罗斯福选集》　第 318 页

战争篇：震撼人心的伟大事件
本身更能说明问题

用语言作为唯一武器进行斗争的日子终于结束了。现在，伟大的震撼人心的事件本身更能说明问题。

《轮椅总统——罗斯福》 第 381 页

关系生死存亡的战争现实正在迫使各国从单纯自保出发，作出严峻的抉择。

《罗斯福选集》 第 297 页

我们这一代人正好生活在我们祖国遭到进攻之际，它的命运和我们所选择的政治制度正处于危急存亡之秋。

《罗斯福：狮子与狐狸》 第 595 页

在一切战争的破坏里，最悲惨的要数人类思想发展进程的破坏。感情蒙蔽了真理。仇恨代替了宽容。在那种气氛里，人类思想是不能向前发展的。

《罗斯福选集》 第 210 页

战争不是进行改革的时候。我们必须在安排未来的广泛计划之前，首先打赢战争……不能离开战争这个现实。

《轮椅总统——罗斯福》 第 472 页

我们不要钻牛角尖。我们不要说："只有在鱼雷击中时，或者船员和乘客淹死时，我们才保卫自己。"

现在就是防止进攻的时候了。

《罗斯福选集》 第 319 页

我们不要在第一次进攻后，第五次进攻后，第十次进攻后，或第二十次进攻后才反问自己是否应该开始保卫自己。

《罗斯福选集》 第 319 页

防务是不能静止不动的。防务必须天天增长变化。防务必须是生气勃勃和机动灵活的，要表现出国家的活动和它迎接未来任何挑战的坚决意志。

《罗斯福选集》 第 243 页

在使用"进攻"这一词汇时，我们必须实事求是，我们必须把它同现代战争的闪电速度联系起来。

《罗斯福选集》 第 296 页

等待大概的敌人去取得进攻的立足点是愚蠢的。采取一种战略首先防止这种敌人取得立足点乃是人之常情。

《罗斯福选集》 第 297 页

抵制赤裸裸的武力，只能依靠赤裸裸的武力。在这样一场战争中是由侵略的制订规则的，抵抗者没有任何选择，只能以更大的破坏来回报破坏，以更多的杀伤来回报杀伤。

《罗斯福选集》 第 307 页

我们大家都必须理解并且面对这样一个铁一般的现实：我们现在的任务是要在广布全球的遥远地方作战。

《罗斯福选集》 第 347 页

我们不能把它看成是几个战争，它是一个整体，必须以同一个基本战略为指导。

《罗斯福选集》 第 432 页

在响尾蛇摆开架势要咬你的时候，你不会等它咬了你之后再把它踩死。

《轮椅总统——罗斯福》 第 423 页

日本人在太平洋进行罪恶的突然进攻，标志着十年来国际间道德沦丧的高潮。

《罗斯福选集》 第 324 页

我们可以承认，我们的敌人表演了一次卓越的欺骗技巧——时间配合得恰好，手段也很高超。它是一次无耻透顶的行动，然而我们必须正视，以纳粹方式进行的现代战争本来就是肮脏的勾当。我们并不喜爱它——我们未曾想要卷进去——然而我们已经卷进来，我们就打算使用我们所有的一切去打这场战争。

《罗斯福选集》 第 331 页

我们现在处于一场战争之中，不是为了征服，不是为了报仇，而是为了这样一个世界，在这个世界上，我们的国家和我们国家所象征的一切都将对我们孩子是安全的。我们期望能消除日本的威胁，但是，如果我们做到了这一点，却发现世界其他部分则由希特勒和墨索里尼去支配，那就对我们没有什么好处。

《罗斯福选集》 第 332 页

如果轴心国无法控制海洋，那么他们就肯定打败了。它们征服世界的梦想也就会落空；而发动这场战争的罪魁祸首就会咎由自取，灾难临头。

《罗斯福选集》 第 294 页

我们都要记住，他们在陆地上尝试的范围越宽广，他们所遭受的最终危险也就越大。

《罗斯福选集》 第 294 页

为了最后成功地霸占世界，希特勒知道他必须先控制海洋。他必须先摧毁我们架设的横跨大西洋的桥梁——我们的船队，我们将继续通过这座桥梁输送帮助消灭他的战争手段。

《罗斯福与美国对外政策》(上) 第 418 页

这场斗争的胜负将决定于大西洋，如果希特勒在大西洋不能取胜，他最终在世界上任何地方必遭失败。

《罗斯福与美国对外政策》(上) 第 380 页

我们设法保住太平洋的和平，对于控制大西洋是极为重要的，我简直没有足够的海军可以调遣——太平洋上发生一件小事就意味着大西洋上少了一些军舰。

《罗斯福与美国对外政策》（上） 第 401 页

我们的国防必须扩大到整个西半球，必须向海洋延伸一千英里，我们必须建设这样一支海军，它不仅能保卫我们的沿海、我们的领地，而且也能在战时保卫我们的商船，无论这些商船驶向何方。

《罗斯福正传》 第 158 页

战争继续得越长久，问题就会愈加清楚：谁也不能大笔一挥在纸上画一条线，说"这是前方"，"那是后方"。因为两者紧密相随，不可分割。

《罗斯福选集》 第 423 页

我们不能以一种防守的态度来进行这场战争。不论在何时何地，只要抓得住敌人，我们就要对他们打击，再打击。

《罗斯福选集》 第 342 页

这场战争必须以最大的和最持久的强烈程度去进行——它正是这样进行的。

《罗斯福选集》 第 477 页

这些意志坚强的现实主义者证实，敌军的将领和部队是有实力、有技能、有智谋的，我们必须打败这样的敌人，才能赢得最后胜利。战争现在正进入这样的阶段，我们不得不准备蒙受伤亡和失踪的巨大人员损失。

战争就是需要付出这样的代价。走向胜利的道路从来都不是平坦的。而且今天还看不到尽头。

《罗斯福选集》 第 456 页

伦敦、考文垂和其他城市的废墟今天已成为英国英雄主义最值得自豪的纪念碑。

《罗斯福选集》 第 365 页

现代进攻战的野蛮力量已把恐怖发挥到肆无忌惮的程度。新的毁灭性武器已经发展起来了，瞬息之间造成致命，令人难以置信；使用这样武器的人是残忍冷酷、无所顾忌的。没有一种旧的防御措施强大到可以不需要进一步加强，也没有一种进攻是不可想像的或不可能的，因而可以不予理会。

《罗斯福与霍普金斯》(上) 第 220 页

这是一场有史以来最艰巨的战争。对于我们是否顽强得足以迎接这场空前挑战的问题，不需要留待将来的历史学家去回答。我们现在就能够作出回答。这个回答就是："是。"

《罗斯福选集》 第 377 页

我们将打赢这场战争，我们还将赢得战后的和平。

在今天的困难时刻——在可能会到来的黑暗的日子里——我们将知道人类的巨大多数是站在我们这一边。

《罗斯福选集》 第 332 页

因为我们的困难是防守，所以我们不能制订一成不变的计划，事态一有新的发展，我们就必须根据来决定最有效地结集我们的军队和利用我们的资源的时间、地点和方法。

《罗斯福与美国对外政策》（上）　第397页

假如这是足球赛，而我们，比如是坐在椅子上的后备队员。我们这些队员的作用是在关键的时刻上场。当我们的前锋筋疲力尽的时候，我们再加入球赛，为的是踢进关键的一球。我们将精力充沛地加入比赛。如果我们能正确地选择时机的话……我想，我们会正确选择时机的。

《轮椅总统——罗斯福》　第465页

将使我们付出最大生命代价的事，莫过于对战争采取一种已经胜利或者胜利在望的态度。采取这种态度意味着降低我们生产上的速度，意味着我们乃至在世界各地作战的战士们将得不到力量上的压倒优势，这种压倒优势已经给敌人造成了重大死亡和破坏，同时拯救了许多美国人的生命。

《罗斯福选集》　第438页

我们已经尝到了失败的味道。我们还可能遭受进一步的挫折。我们必须面对一场艰苦的、持久的、流血的、代价很高的战争这样的现实。

《罗斯福选集》　第341页

这就是眼前日夜都在深入影响我们生活的一场斗争。这场斗争不可能以任何妥协而结束。善恶之间从来没有过，也永远不可能有成功的妥协。只有彻底胜利才是为宽容、情理、自由和信仰而战斗的人所应得的酬报。

《罗斯福选集》 第 344 页

这场大战的争议所在，就是相信人类和不相信人类两派之间的根本分歧——这是由来已久的分歧。一派相信人民，一派相信独裁者和专制君主。总是有这样一些不相信人民的人，他们总想阻止历史的前进，迫使人民退回到奴役压迫、痛苦折磨、万马齐喑的状态。

《罗斯福选集》 第 402 页

我们今天进行斗争是为了安全，为了进步，为了和平，不仅是为了我们自己，也是为了全人类，不仅是为了一代人，而是为了世世代代的人。我们进行的斗争是为了清除世界上的积弊和痼疾。

《罗斯福选集》 第 344 页

民主的敌人在算计上所以错误，是由于一个十分简单的理由。他们之所以错误，是因为他们曾经以民主不能够适应世界处于战争中这种可怕的现实。

《罗斯福选集》 第 282 页

在这场你死我活的战争中，我们不仅应该记住我们是向哪些坏事作斗争，而且还应该记住我们是为哪些好事而斗争。我们为保存伟大的过去而战——我们也为争取更伟大的将来而战。

《罗斯福选集》 第 401 页

我们从事建设和保卫并不单单是为了我们这一代人。我们保卫的是我们先人打下的基础。我们在为还没有出世的多少代人建立着一种生活。我们在保卫一种生活方式，建立一种生活方式，不仅仅是为了美国，而是为了整个的人类。

《罗斯福选集》 第 253 页

我们不会在任何方面，以任何方式同法西斯主义进行交易。我们不容许保留法西斯主义的任何残余。

《罗斯福选集》 第 418 页

针对那些认为希特勒已被阻挡和制止的人，我发出严重警告：他们正在作出一种非常危险的假定。在任何战争中，当你的敌人显得比前一年进展较为缓慢的时候，恰恰正是要使用加倍力量给以打击的时候——把更多精力投入到将其打败的工作之中——以便永远结束这种征服世界的威胁，从而也把以与恶势力相妥协为基础的任何和平的全部谈论与思想统统打消。

《罗斯福与霍普金斯》(上) 第 498 页

我们拒绝采取乌龟政策，并且越来越坚持把战争打到远方敌人陆地和水域——离我们本土越远越好——的政策。

《罗斯福选集》 第 348 页

我们一亿三千万美国人都在向着罗马、柏林和东京进军。
为了伟大的目标，必须使用伟大的力量。

《罗斯福选集》 第 465 页

我曾目睹战争。我曾目睹陆战和海战。我曾目睹伤员流出的鲜血。我曾目睹毒气受害者拼命咳嗽。我曾目睹死难者捐身泥淖。我曾目睹城市被毁。我曾目睹两百名士兵——四十八小时前开赴前线的一个一千人的团的幸存者——疲惫不堪地蹒跚撤出阵地。我曾目睹儿童挨饿。我曾目睹母亲和妻子的忧伤。我痛恨战争。

《罗斯福选集》 第 132 页

多年来敌人就在准备着这场冲突——设计、谋划、训练、武装、作战。我们已经尝到了失败的味道。我们还可能遭受进一步的挫折。我们必须面对一场艰苦的、持久的、流血的、代价很高的战争这样的现实。

《罗斯福选集》 第 341 页

我们现在处于这场战争之中。我们都处于这场战争之中——全面的战争。每一个男人、女人和儿童都是我们美国有史以来这场最艰巨的事业中的伙伴。我们必须一道分享坏的消息和好的消息,失败和胜利——战争中随时变化着的运气。

《罗斯福选集》 第 326 页

我们面临着巨大的任务——我们全体共同的任务。我们的前线今天从(我国的)基斯卡延伸到摩尔曼斯克,从突尼斯延伸到瓜达卡纳尔。随着我们部队的前进。这些战线还要延伸得更长。

《罗斯福选集》 第 389 页

我们在这些遥远的地方作战,因为那里有敌人。在我们川流不息的供给使我们得到明显优势以前，不论何时何地能够接触到敌人，我们都必须不断予以打击，即使我们不得不暂时放弃土地。然而，实际上，我们每天都在造成敌人的重大伤亡。

《罗斯福选集》 第 347 页

我必须在这些遥远的地方作战，以便保护我们的供应线和我们同盟邦的交通线——敌人正在争分夺秒，挤出每一分力量，企图切断它们。纳粹分子和日本人的目的是：分割开合众国、英国、中国和俄国，把它们互相孤立，以便逐个包围，切断供给和增援部队的来源。这是人们熟悉的"分而胜之"的轴心政策。

《罗斯福选集》 第 347 页

许多人问道："这场战争什么时候结束?"对此只有一个回答。我们一旦使它结束，它就结束了，靠我们联合起来的努力，联合起来的力量，联合起来的决心，打到底，干到底——打到德、意、日军国主义的末日。否则，我们不会罢休，这是最最肯定的了。

《罗斯福选集》 第 343 页

虽然对珍珠港背信弃义的袭击乃是我们参战的直接原因，但在珍珠港事件发生时，美国人民已经在精神上作好准备。去进行一场全世界规模的战争。我们是在战斗着进入这场战争的。我们知道我们正在为着什么而战斗。我们明白，这场战争已经成为希特勒起初就宣布的那样——一场全面的战争。

《罗斯福选集》 第 361 页

但是——战争中最重要的是结果。一个很说明问题的事实是，只经过几年的准备，只经过一年的战争，我们就能在物质上和精神上全力投入一场总体战中。

《罗斯福选集》 第 398 页

从 1942 年整个世界战略形势来看，最大和最重要的进展莫过于在绵长的俄国战线上所发生的事件：首先是斯大林格勒顽强的保卫战；其次是俄国军队从 11 月下旬在各处开始的反攻。这次反攻仍在强大有力和非常有效地向前推进着。

《罗斯福选集》 第 392 页

去年其他的重要事件是：日本人先后在菲律宾、东印度群岛、马来亚以及缅甸所取得的一系列进展；在中太平洋、南太平洋、印度洋对日本前进的阻遏；英国在埃及和利比亚的反攻成功地保卫了近东；英美联军占领了北非。1942 年仍然具有重要意义的事件是：对护航路线尚未结束的激烈争夺战，以及空中优势逐渐从轴心国家转到了联合国家手中。

《罗斯福选集》 第 392 页

越来越强大的军队现在正在一个巨大的弧形地带的许多地点打击日本人，这个弧形地带从阿留申群岛穿过太平洋直到缅甸丛林。我们的陆军和海军，我们的航空部队，澳大利亚人、新西兰人、荷兰人和英国的陆、海、空军，正在形成对日本稳步缩紧的钢铁的合围圈。

《罗斯福选集》 第 452 页

不论宣布与否，战争都会蔓延。战争可以席卷远离原来战场的国家和人民。我们决心置身于战争之外，然而我们并不能保证我们不受战争灾难的影响和避免卷入战争的危险。我们正在采取措施尽可能缩小卷入的风险，但是世界处于骚乱之中，信任和安全已经崩溃，我们并无安全的保障。

《罗斯福选集》 第 155 页

全世界维护和平所作的努力已经失败，一种新的形势摆在我们面前：战争已成现实——火灾已经形成。

《罗斯福选集》 第 96 页

我们必须准备面向反对诡计多端而又强大的匪徒的一场长期战争。珍珠港的袭击可以重演于许多地点——两大洋内和我国两条海岸以及整个其余两半球的许多地点中任何一点。

《罗斯福选集》 第 329 页

后方篇：我们必须成为民主制度的伟大兵工厂

我们必须成为民主制度的伟大兵工厂。对我们来讲，这是同战争本身一样严重的紧急情况。我们必须以同样的决心、同样的紧迫感、同样的爱国主义和牺牲精神来致力于我们的任务，就好像我们处在战争中会表现的那样。

《罗斯福选集》 第 269 页

普通老百姓——陆海空军战士以及平民——不分男女老幼——他们此刻都在文明的第一线战斗着，而且在坚守着这第一线，他们的坚韧不拔的精神将永远使每块大陆和每个海岛上一切自由人感到自豪和受到鼓舞。

《罗斯福选集》 第 287 页

在国内每少生产一架飞机或一艘船只，都直接影响到在意大利南部、西南太平洋丛林或中国上空战斗的战士们。

《罗斯福选集》 第 438 页

我们的政策是建立在这样一个基本现实上的：保卫任何抵抗希特勒或日本的国家，从长远看来，就是保卫我们的本国。这个政策已经证明是正确的。它为我们赢得了时间，宝贵的时间，用来建设起我们美国的生产装配线。

《罗斯福选集》 第 328 页

使我们携手而献身于生产自由的武器的赤诚和牺牲精神，将在不少的程度上决定人类必须经历的这场苦难的长短。

《罗斯福选集》 第 311 页

只有这种全面规模的生产才能加速最后的全面胜利。速度是很重要的。失去的土地总是可以复得的——失去的时间则将永不复返。速度会挽救生命；速度会挽救我们处于危险中的国家；速度会挽救我们的自由和我们的文明——而拖拉从来都不是美国的特征。

《罗斯福选集》 第 341 页

生产就是美国的职业，只要明确说出面前的挑战是什么，就会马上有人应战的。还有一个无法解释的奇迹，就是像美国这样一个非好战和无准备的国家，为什么能够在突然之间造就出如此大量、如此卓越的一批军事领导人，去对付古往今来世界历史上从未出现过的局面呢？

《罗斯福选集》 第 321 页

今天的防务不仅仅意味着作战。防务指的是士气，军队以及平民的士气；它指的是利用一切可以利用的资源，指的是扩大一切有用的工厂。防务指的是更多地利用美国人的普遍见识去抵制谣言和曲解。防务指的是准确地识别诈骗和第五纵队，这些人是此刻我们国家内部的燃烧弹。

《罗斯福选集》 第 299 页

我们的安全并不单纯依靠战争工具。挥动武器的手臂必须是强有力的，指引武器的目的必须是明亮的，领导武力的意志必须是一往无前的。

《罗斯福选集》 第 243 页

我们所追求的目标远远超越于那丑恶的战场之外。在我们诉诸武力时，正如我们现在所必须做的，我们决心要让这种武力既用于反对眼前的罪恶，而且也用于争取最终的福祉。我们美国人不是破坏的人——我们是建设者。

《罗斯福选集》 第 332 页

如果我们不在发展新式武器上经常处于对敌领先的地位，我们就要为落后而付出我们子弟的生命和鲜血。

《罗斯福选集》 第 487 页

我们在不断地改进和重新设计、测试新的武器，从眼前的战争中汲取教益，努力根据科学智囊所能够构想出的最新设计进行生产。

《罗斯福选集》 第 249 页

在当前这种快速的机械化战争的时代，我们都必须记住，今天是新式和时新的，效率高和实用的，明天就会成为过时的和陈旧的。

《罗斯福选集》 第 249 页

在我们面临的伟大任务中，我们不能迟疑，我们不能含糊。保卫美国的自由必须优先于一切个人目的和一切个人利益。

《罗斯福选集》 第 312 页

正如人不能光靠面包就能生存一样，人也不能光靠武器就能战斗。守卫我们防御工事的人，以及在后方建设我们防御工事的人，一定要有由于对自己所保卫的生活方式具有不可动摇的信念而产生的毅力和勇气。

《罗斯福选集》 第 278 页

我们现在都必须把注意力集中在一项压倒一切的根本任务上——以更高的速度生产更多的物资。换句话说，我们要注意最先去做最重要的事。

《罗斯福选集》 第 358 页

我们永远不要忘记为什么而战。但是，在战争的这个关键时刻，我们要着眼于较大的目标，而不要陷入对方式方法和细枝末节的争论中去。

《罗斯福选集》 第 399 页

打赢战争就是要那么办——全力以赴——不能用半只眼睛看着海外的战场，而另外一只半眼睛却看着国内这里的个人的、自私的和政党的利益。

《罗斯福选集》 第 463 页

当大多数人毫无怨言地从事他们的伟大事业时，却有吵吵嚷嚷的少数人不断大喊大叫地为特殊的好处。……他们已经开始把战争首先看作牺牲旁人为自己谋利的机会——金钱上或者是政治上或者社会地位上的好处。

《罗斯福选集》 第 461 页

首先想到个人安危的士兵和水兵，是打不赢战斗的。而首先关心个人舒服、个人方便和个人钱包的人，也是打不赢战争的。

《罗斯福选集》 第 377 页

有些人，把一个炸面包圈摆在他们面前，他们也声言只看得到中间的那个洞洞。这种情况有时纯粹是个人悲观主义的表现，但是有时候，却是出于同打赢战争的理想并不一致的动机。

《罗斯福选集》 第 441 页

工人同样有人的尊严，应该同工程师、经理和老板一样享受工作岗位的保障。因为工人们提供产生驱逐舰、飞机和坦克的人力。

《罗斯福选集》 第 268 页

当我说到"工人"这个词的时候，要正确理解我的话，我指的是所有各种工作，例如白领工人，他们的工作不引人注目，但是对于加强我国军力和美国的整个生活来说是非常重要的。

《轮椅总统——罗斯福》 第 509 页

我们敌人的指导思想是野蛮的犬儒主义和对人类的极端蔑视。我们则是出于一种信仰，它可以追溯到《创世纪》的第一章："上帝按照自己的形象创造了人。"

《罗斯福选集》 第 344 页

我们必须一道分享坏的消息和好的消息，失败和胜利——战争中随时变化着的运气。

《罗斯福选集》 第 326 页

全国需要了解陆和海军的真实情况，不需要许多政客向轻信的公众灌输关于持久和平的陈词滥调。

《罗斯福正传》 第 159 页

万一历史重演，而我们又回到了二十年代的所谓"正常状态"——那么，可以肯定，即使我们将在海外战场上制服敌人，我们仍将在国内这里屈服于法西斯主义的精神。

《罗斯福选集》 第 467 页

历史上还没有一次重要战争是缺钱而被打败的。

我正想要做的就是取消美元的标记，我认为——要把这无聊的，荒谬的以及老牌的美元标记取消。

《罗斯福与霍普金斯》（上） 第 312 页

你们大家和我本人就是"家里的老乡"，为了保卫我们，鲍尔斯上尉曾经战斗着并且一再冒着生命的危险。他说我们指望着他和他的战士。我们的指望没有落空。然而，这些战士们不是也有权指望着我们吗？在赢得这场战争上我们在"家里"起的作用怎么样？

《罗斯福选集》 第370页

我明白，在当前这样的时刻，在我们都对远方战场的消息深深关切的时候，过分强调这些经济问题在大家看来也许是不大相称的。但是，我向大家严肃地指出，如果不能解决家里这个问题——现在就加以解决——就会使打赢这场战争更为困难。

《罗斯福选集》 第372页

有几千个美国人已经阵亡。还有成千上万的人将会丧失性命。但是，千百万个人随时准备接替他们的岗位——进行斗争，死而后已。

所有我们在国内的人都在经受考验——考验我们的坚定和我们对于国家和事业的忠诚。

《罗斯福选集》 第377页

看到了我们生产线上的工作和工人的质量——把这些第一手的调查同我们的武器在作战前线实际性能发挥的报告结合起来——我可以对大家说，我们在生产战斗中也正在对敌取得优势。

我们未来的生产有重大意义的是，国会在应付生活费用上涨的严重问题上所采取的快速有效的方式。这是民主程序在战时运用的卓越范例。

《罗斯福选集》 第381页

在一切军事工业，包括重要原料的生产，都实行每星期七天的工作制，以加速现有的一切生产。

建立更多的新厂，扩建老厂，把许多小厂转向战时需要，以迅速地增加生产能力。这方面正在具体落实。

《罗斯福选集》 第 329 页

援助民主国家法案是在本星期二下午由国会两院批准的。我在半小时以后签署。又过了五分钟，我批准了马上运送的物品单；今天——星期六的夜晚——许多物品已在运送途中。星期三，我建议为新物资拨款，其总额达到七十亿美元；国会正在以爱国主义的速度筹集这笔款项。

《罗斯福选集》 第 284 页

国家要求的是牺牲一些特权，而不是牺牲基本的权利。而我们大多数人是会乐意作出牺牲的。这种牺牲是为了保卫国家和共同的幸福；为了防御有史以来最残忍的野蛮行为；为了使得现在受到狂暴威胁的那种生活方式最终胜利。

《罗斯福选集》 第 284 页

从眼前起，我们就要献身于不断提高的生产节奏——比现在或以前任何时候都更大规模的生产——不停顿也不应该停歇的生产。

《罗斯福选集》 第 285 页

普通老百姓——陆海空军战士以及平民——不分男女老幼——他

们此刻都在文明的第一线战斗着，而且在坚守着这第一线，他们的坚韧不拔的精神将永远使每块大陆和每个海岛上一切自由人感到自豪和受到鼓舞。

《罗斯福选集》 第287页

任何人，不分年龄，参加合众国的陆军或海军，这不是什么牺牲。相反，这乃是一种殊荣。

工业家或者靠工资生活的人，农场主或者店主，火车乘务员或者医生，交纳更多的赋税，购买更多的公债，放弃额外的利润，为自己最适合的任务工作得更长或更努力，这不是什么牺牲。相反，这乃是一种殊荣。

《罗斯福选集》 第330页

许多种供民用的金属肯定会有明显的短缺，道理很清楚，因为，在我们的增产计划中，过去这些年来用于民用的主要金属中一半以上都需要用于军事目的。是的，我们将有必要完全放弃许多东西。

《罗斯福选集》 第330页

联合国在军火和船舶方面必须占有压倒一切的优势——使得轴心国家永远追赶不上。因此，为了取得这种压倒一切的优势，合众国必须尽我们国家生产能力的最大极限来建造飞机、坦克、枪炮和船舰。我们有能力生产武器，不仅供应我们自己的部队，而且还供给同我们并肩作战的其他国家的陆、海、空军。

《罗斯福选集》 第339页

我们援助民主国家的整个计划，是出于实际关切我们自身的安全和我们希望生活在的那种平安和文明的世界的。我们提供的每一美元的物资，都有助于防止独裁者出现于我们自己这个半球，而能多防止他们一天，就给我们时间建造更多的枪炮、坦克、飞机和舰艇。

《罗斯福选集》 第 290 页

而现在——在一年以后——英国仍在"一条漫长的战线"上英勇战斗着。我们已经使我们的大规模生产加倍又加倍，月复一月地增加着我们战争工具的物质供应，为了自己，也为了英国和中国——最后更为了所有的民主国家。

战争工具的供给不会落空——它会增加。

《罗斯福选集》 第 291 页

英国人民和他们的希腊盟友需要舰艇。从美国，他们将会得到舰艇。

他们需要飞机。从美国，他们将会得到飞机。

他们需要美国的粮秣。从美国，他们将会得到粮秣。

他们需要坦克、枪炮、弹药和各种物资。从美国，他们将会得到坦克、枪炮、弹药和各种物资。

《罗斯福选集》 第 288 页

今天的伟大任务，我们全体每一个人所肩负的重任，就是把产品从我们工厂的装配线运送到民主的作战线去——现在！

《罗斯福选集》 第 283 页

我们的任务是艰难的——我们的任务是空前的——而时间是紧迫的。我们必须把一切现有生产武装的设备使用到最大的极限。我们必须把一切可用的厂房和机床都转向军工生产。这包括从最大到最小的工厂——从巨大的汽车工业直到乡村的装配车间。

《罗斯福选集》 第 340 页

军事生产的基础是金属和原料——钢、铜、橡胶、铝、锌、锡。这些将越来越多转向军事用途。民用将不得不进一步削减，再削减——在许多情况下，还要完全取消。

《罗斯福选集》 第 340 页

军事生产的基础是人——人的双手和头脑，就是我们笼统叫作劳工的。我们的工人随时准备延长劳动时间；在一个劳动日里边生产更多的东西；一天二十四小时，一星期七天，保持机器转动，炉火不熄。他们完全认识到，他们劳动的速度和效率决定着他们在战场上子弟的生存。

《罗斯福选集》 第 340 页

我还提请本届国会授权并拨给充分的款项，去制造更多的军火和多种军用物资，以供移交现在同侵略国家进行实际战斗的国家。

我们所能起到的最有效和即时的作用，是担当这些国家以及我们自己的兵工厂。

《罗斯福选集》 第 276 页

我们应该告诉民主国家："我们美国人切身关切你们保卫自由的斗争。我们正在付出我们的精力、资源和组织力量，以使你们得到恢复和维护自由世界的力量。我们将向你们运送越来越多的舰艇、飞机、坦克和枪炮。这是我们的宗旨，也是我们的保证。"

《罗斯福选集》 第 277 页

幸而，只有极少数人把个人食欲看得比爱国心更重要。绝大多数人都认识到，我们运往国外的粮食是为了重要的军事目的，是给我们自己和盟国军队吃的，是为了给我们占领的地区提供必要的援助。

《罗斯福选集》 第 398 页

每一个战斗师，每一支海军特混舰队和每一个空军中队都依靠国内机关、工厂和农场里穿便衣的美国人民提供装备、弹药、燃料和粮食，就像兵源当然也要依靠他们一样。

《罗斯福选集》 第 423 页

我呼吁工厂的老板——经理——工人们——我们自己政府的职员们——都急速地、毫不吝惜地把每一分力量投入生产这些军火上。在呼吁的同时，我向大家保证，作为你们政府官员的我们全体都将像你们一样全心全意地献身于未来的这项伟大任务。

《罗斯福选集》 第 269 页

美国工业的创造能力，在解决生产问题上是举世无比的，已经应邀把自己的资源和才干付诸行动。制造钟表、农具、活字印刷机、现金结算机、汽车、缝纫机、割草机和机车的制造厂，现在在制造雷管、炸弹装运板条箱、望远镜架、炮弹、手枪和坦克。

《罗斯福选集》 第 268 页

我国正在进行巨大的努力来生产当前紧急状况所需要的一切——还要以尽快的速度。巨大的努力需要巨大的牺牲。

《罗斯福选集》 第 267 页

我深信美国人民现在有决心为了应付对我们民主信仰的威胁，会比迄今为止做出更加了不起的努力来增产一切防务工具。

《罗斯福选集》 第 270 页

把整个国家从生产和平工具的和平时期生产基础转变到生产战争工具的战争时期生产基础，这是非同小可的任务。其最大困难是在计划的开始，首先得建造新的母机、新的厂房设备、新的装配线和新的船台，然后军用物资才会开始稳定快速地生产出来。

《罗斯福选集》 第 275—276 页

国民战争服役制，即以法律规定每个公民对打赢战争所应尽的责任，将可以完全保证满足对于战争装备的需求。在今后一年里，我们必须在接到通知后短期内就增加许多种武器和物资的产量。否则，我们的产量就满足不了迅速变化的战争需求。

《罗斯福选集》 第 489 页

我们在战争中每前进一步都有赖于我们生产战线的进展。

《罗斯福选集》 第 395 页

在我们的工厂、车间和兵工厂里，我们正以巨大的规模制造着武器。这些武器正在日日夜夜地，远渡重洋和通过高空，加速运往全世界各条前线。而为了维护民主，我国现在还在设计和发展着具有空前威力的新型武器。

《罗斯福选集》 第 309 页

战后篇：当前的历史时刻充满着希望和危险

我们将打赢这场战争，我们还将赢得战后的和平。

《罗斯福选集》 第 324 页

不仅要结束目前这场战争，而且要消除一切战争的苗头。是的，永远结束这种依靠大规模屠杀各国人民来解决政府间分歧的不切实际的、荒唐透顶的办法。

《罗斯福外传》 第 385 页

一次会谈①对于子孙后代来说可能具有十分重要的意义。……如果你我和丘吉尔先生由于几百英里路程而不能共聚一堂，子孙后代将认为这是一场悲剧。请不要在这次危机中使我感到失望。

《罗斯福与美国对外政策》(下) 第 604 页

(雅尔塔会议)应该导致结束单方面行动、排他性联盟，势力范围、权力均衡以及其他试行了几个世纪并且都失败了的一系列权宜手段。我们提议，用一个所有爱好和平的国家最后都有机会参加的全球性组织，来代替所有这些东西。

《罗斯福与美国对外政策》(下) 第 737 页

---

① 会谈是指德黑兰会议。

最后决定都将是联合作出的；因此，这些决定往往不得不是互相让步妥协的结果。合众国不会经常百分之百地随心所欲——俄国或英国也不会。我们不会经常得到对于复杂国际问题的理想解决——理想答案，即使我们决心继续致力于这种理想。

《罗斯福选集》 第 515 页

在人类事务中，公众必须有戏可看。

即使宣言只包含理论性的协议——必将产生我们所需要的戏剧性效果。

《罗斯福与美国对外政策》（下） 第 543 页

我们打算起的带头作用，不是通过建立一个超级政府，而是通过国际协商和协议，以求改进世界的货币制度和支配贸易的法规。……战争胜利时，我们必须准备迅速在广阔的战线前进。我们大家都非常清楚，这将是一件复杂而花时间的事。

《罗斯福选集》 第 503 页

我们的军队在德国中心的会师，有着全世界都不会忽视的世界性意义。第一，希特勒及其匪帮政府的最后一丝黯淡的希望被扑灭了。第二，此时的会师向我们自己和全世界表明，不顾像我们已经克服了的诸如距离、语言和交通等方面的障碍而能共同策划、并且作战的各国，是能在共同缔造世界和平的事业中一起生活和一起工作的。

《斯大林、罗斯福通信集》 第 223 页

我们当前所处的历史时刻充满着希望和危险。世界或者是走向统一和广泛分享的繁荣，或者是分别走向必然互相竞争的经济集团。

《罗斯福选集》 第 505 页

1945 年这新的一年可以成为人类历史上成就最大的一年。

1945 年可以看到纳粹——法西斯恐怖统治在欧洲的最后终结。

最重要的是——1945 年可以看到而且必然看到世界和平组织的实质开端。这一组织必须证明已经作出的一切牺牲——世界所经历的一切可怕苦难——都是值得的。

《罗斯福选集》 第 499 页

如果全世界人民能够为自己而说话，……我们就能在世界和平问题上立即取得全球性的协议。我们倡议从现在开始，在新的一代中把政府进行的战争转变为人民掌握的和平。

《罗斯福与美国对外政策》（上） 第 100 页

随着战争的进展，我们还要求同其他国家合作，以求结束世界性的侵略，并且建立长远的、公平合理的国际关系。睦邻政策在南、北美洲取得了如此显著的成就，下一步理所当然地就是把这项政策在全世界加以推广。

《罗斯福选集》 第 443 页

我们决不能无视这样一个现实：胜利不仅其本身是个目的，而且从广义上讲，胜利还可以为我们提供手段去达到缔造持久和平和更美好生活方式的目标。胜利并不能保证达到这些更广阔的目标——它仅只为我们争取达到这些目标提供机会。我们是否有勇气和远见来利用这一绝妙的机会——用这样高的代价所换来的机会——还是未定之天。作出这一重大决定的沉重责任全在于我们。

《罗斯福选集》 第 500 页

我们越接近于战胜敌人，我们就越不可避免地意识到胜利者之间的分歧。

我们一定不要让这些分歧分裂我们，蒙蔽我们，使我们看不到打赢战争和缔造和平的更重要的共同和长远利益。

持久和平赖以为基础的国际合作并不是单行道。

国家和个人一样并不总是都有一样的看法和想法的，而任何国家设想自己独占着智慧和德行是不会有助于国际合作和进步的。

《罗斯福选集》 第 491 页

如果我们在持久和平来临的时候，心里存疑虑、不信任——或畏惧，我们就不会赢得持久和平。

《罗斯福：狮子与狐狸》 第 597 页

如果允许世界上任何地方保存任何形式的法西斯主义邪恶残余，我们就不能声称在这场战争中取得了彻底胜利。

《罗斯福选集》 第 430 页

世界和平的结构不可能出于一人，一党或一国之力。它不可能单单是美国的和平、英国的和平、俄国的、法国的或中国的和平。它不可能是大国的和平——或者小国的和平。它必须是建筑在全世界合作努力上的和平。

《罗斯福选集》 第 514 页

没有一项计划是十全十美的。毫无疑问，不论在旧金山通过什么决议，它们都同我们的宪法一样，在未来的岁月里一次又一次地进行修正。只有人类坚持不懈、愿意为和平事业作出努力，乃至付出牺牲，和平才能长存。

《罗斯福外传》 第 380 页

在战争所带来的军事责任面前，我们未曾退缩。在战斗后接踵而来的政治责任面前，我们也不能，更不会退缩。

《罗斯福选集》 第 492 页

如果我们冒着十年内、二十年内、五十年内再一次爆发世界大战的危险，那么侈谈人类的基本需要，侈谈生活保障，就没有多大的意义。这是显而易见的常识。战争一次比一次规模更大，死亡更多，破坏更严重，而且越来越不可避免地要把所有国家都卷进去。因为，随着人们对天空的征服，世界的范围正在缩小。如果这次战争结束时，和平得不到确定的保证，现在出生的婴儿长成可以当兵时，另一次大战又将爆发，想到那时我们自己和整个人类的遭遇，我就不寒而栗。

每个正常的美国人都在祈祷，但愿他本人，他的儿子、孙子都不致被迫再去经受这种恐怖。

《罗斯福选集》 第 401 页

上次世界大战以后，在我们的幻想破灭的情况下，我们放弃了获得更有利的和平的希望，因为我们在一个公认的不完美的世界上没有勇气去履行我们的责任。我们决不能让这种情况重演，否则我们又将走同样的悲惨道路——通向第三次世界大战的道路。

《罗斯福与美国对外政策》(下) 第 719 页

除非战后和平承认整个世界就是一个邻里，并且公平地对待整个人类，另一次世界大战的病菌将始终威胁着人类。

《罗斯福选集》 第 408 页

一个国家在拯救自己的同时，也是帮助拯救全世界免于纳粹的蹂躏，对于这样一个国家，我国在今后将永远乐意与之和睦共处，赤诚相待。

《罗斯福选集》　第 422 页

　　建立势力范围的想法一直在发展，……俄国人在东欧有力量，要把他们赶走显然是不可能的。因此，唯一切实可行的做法是利用我们拥有的影响来改善局势。

《罗斯福与美国对外政策》(下)　第 722 页

　　我们必须警惕不要去利用和夸大我们和盟国之间的分歧，特别是在涉及到从法西斯专制制度下解放出来的民族方面。

《罗斯福选集》　第 492 页

　　如果战后世界又告分裂，俄国反对英国和美国，那么整个计划就会破坏掉。我们现在的也是明天的巨大工作是：确保我们继续充当裁判员，在俄国和英国人之间居中调解。

《罗斯福》　第 290 页

　　如果这个机构①能建立起来，如果俄国人能参加进来……创建一个新的世界安全组织是美国持久地参与世界事务的必要条件。没有这个组织，美国的舆论会认为只是重演传统的力量均势和势力范围的外交，而不能指望会出现一个合作的、和平的世界。这种情况可能最终导致

---

　　① 这个机构是指联合国。

孤立主义的复活和公众的分裂。

《罗斯福与美国对外政策》(下)　第 722 页

美国将不得不出面领导。领导并运用我们的斡旋进行调解。帮助解决其他国家之间的必将产生的分歧：俄国和英国在欧洲、英帝国与中国、中国与俄国在远东。我们有能力做到这一点，因为我们是大国，是强国，而且我们不妄求。英国在走下坡路，中国仍在 18 世纪状态中，俄国猜疑我们，而且使得我们也猜疑它。美国是能在世局中缔造和平的唯一大国。这是一项巨大的职责，我们实现它的唯一办法是面对面地与这样的人会谈。

《罗斯福》　第 279 页

我们肯定是会在战后拥有一支世界上最大的商业航运队。我们同英国的地位将要倒换过来。

《罗斯福与霍普金斯》(下)　第 337 页

美国现在正处于它权力和名声的顶峰。……我们可能在不久以后走向我们衰弱的顶峰。

《罗斯福与霍普金斯》(下)　第 480 页

美国人民现在正处在这样一种精神状态，他们盟国的行动要么能促使他们为了维持欧洲的和平而进行全心全意的合作，要么就会带来一个幻想破灭的浪潮，从而会出现比 1920 年更为孤立的情况。

《罗斯福与美国对外政策》(下)　第 719 页

无论谁要是认为孤立主义在这个国家里已经死去，那一定是神经错乱。一旦战争结束，它可能比以往更强有力。

《罗斯福与霍普金斯》（下）　第 480 页

要维持和保证生机活泼的和平，从长远看来，则必须由人民自己去做。

我们自己，像经过困难的解放和适应过程的一切民族一样，从我们自己经验切身体会到这种困难可能有多大。我们懂得它们不是哪一洲或哪一国的特殊困难。

《罗斯福选集》　第 490 页

思想的新边疆已经展现在我们面前，如果我们以进行这次战争的同样眼光、勇气和干劲予以开拓，我们就可以创造更完善、更有成果的就业和更完善、更有成果的生活。

《罗斯福选集》　第 470 页

我们完全意识到我们的危险，但是我们对结局是抱有希望的。

《罗斯福选集》　第 375—376 页

国外篇：柏林和东京的军国主义者发动了这场战争。但是，被激怒而聚集起来的全人类将结束这场战争

我们不仅把中国当成共同作战的伙伴，还将把她当成和平时期的伙伴。这样会使中国人比某些东方人占有较优惠的地位，但是，他们对荣誉和自由事业所做的伟大贡献，使他们理应得到这种优惠。

《罗斯福选集》 第 445 页

在当代，你去的地方越多，你就越加明白整个世界是一个大的邻里。这也就是为什么这场战争开始于看来似乎很遥远的地区——中国——波兰——结果却蔓延到所有的大陆、大部分的岛屿，而且涉及到整个人类的生命和自由。

《罗斯福选集》 第 408 页

中国人民在这次战争中是首先站起来同侵略者战斗的，在将来，一个仍然不可战胜的中国将不仅在东亚，而且在全世界，起到维护和平和繁荣的适当作用。

中国对世界的未来将有重要意义。

《罗斯福》 第 353 页

必须使中国同其他大国合作解决世界问题，中国至少是潜在的世界大国。

《罗斯福与美国对外政策》（下）　第 556 页

我们的政策是基于如下信念的，那就是尽管中国暂时还贫弱，而且有可能发生革命和内战，但是有朝一日四亿五千万中国人民总会统一和现代化的，总会成为整个远东的最重要的因素。

《罗斯福与美国对外政策》（下）　第 714 页

中国人民一个多世纪以来在思想上和目标上比世界上几乎所有的民族更接近我们美国人——有同一的伟大理想。

《罗斯福与美国对外政策》（下）　第 558 页

中国人是朝气蓬勃的、有能力的民族。他们可以像日本人那样快地掌握西方的组织与方法。

《罗斯福与美国对外政策》（下）　第 714 页

中国毕竟还是一个拥有四亿人口的国家，把它当作朋友总比把它当作潜在的骚乱策源地要好一些。

《罗斯福》　第 354 页

如果倒霉的事情袭击我们在中国的联合抗日的努力，中美就将没有继续合作的机会了。因此，当全面的军事形势出现的危险性是如此之严重并形成直接的威胁时，某些估计的政治危机之发生就是理所当然的了。

《罗斯福与美国对外政策》(下)　第762页

我们不准备卷入中国的任何内战局势，我们希望中国一致抗日。

《罗斯福》　第377页

中国军队对贵国遭受野蛮侵略所进行的英勇抵抗已经赢得美国和一切热爱自由民族的最高赞誉。中国人民，武装起来的和没有武装的都一样，在十分不利的情况下，对于在装备上占极大优势的敌人进行了差不多五年坚决抗击所表现出的顽强，乃是对其他联合国家军队和全体人民的鼓舞。

《罗斯福选集》　第345页

我们在同英勇的中国人民并肩作战——千百万的中国人民在漫长的四年半里顶住了轰炸和饥荒，在日本武器和装备占优势的情况下仍然一次又一次地打击了侵略军。

《罗斯福选集》　第344页

中国人民破坏自己劳动果实以免为日本掠夺性军队所用的巨大牺牲，树立了牺牲精神的崇高榜样，为了夺得我们正在满怀信心去争取的胜利，这种牺牲精神对于大家都是需要的。

《罗斯福选集》　第345页

伟大的中国人民遭受了剧烈的损失；重庆已经几乎炸平——然而它仍然是打不垮的中国的首都。

这就是在这次战争中联合国家普遍呈现的奋战取胜的精神。

《罗斯福选集》 第 356 页

中国是我们的盟国。多年来，她为反对侵略而孤军奋战。今天我们和她一起战斗。它在极端不利的条件下始终坚持英勇的斗争。

中国理解，在这场世界大战中，克敌制胜的战略，首先需要把我们的大部分力量集中使用于欧洲前线。

《罗斯福选集》 第 444 页

1941 年 12 月 7 日——一个遗臭万年的日子——美利坚合众国遭到了日本帝国海空部队突然和蓄谋的进攻。

《罗斯福选集》 第 322—323 页

日本政府通过虚伪的声明和表示希望维系和平而蓄意对合众国进行了欺骗。

《罗斯福选集》 第 323 页

昨天，日本政府已发动了对马来亚的进攻。

昨夜，日本军队进攻了香港。

昨夜，日本军队进攻了关岛。

昨夜，日本军队进攻了菲律宾群岛。

昨夜，日本人进攻了威克岛。

今晨，日本人进攻了中途岛。

因此，日本在整个太平洋区域采取了突然的攻势。昨天和今天的事实不言自明。合众国的人民已经形成了自己的见解，并且十分清楚这关系到我们国家的安全和生存的本身。

《罗斯福选集》 第 324 页

日本人在太平洋进行罪恶的突然进攻，标志着十年来国际间道德沦丧的高潮。

《罗斯福选集》 第 324 页

日本人背信弃义地违犯了他们和我们之间长期存在的和平。在敌人的行动中，许多美国战士和水兵遭到杀害。美国的舰艇被炸沉；美国的飞机被炸毁。

《罗斯福选集》 第 325 页

而对于日本的军事独裁者们，在他们派驻我们这里的使节高举着的和平旗帜的遮掩下，所犯下的背信弃义罪行，不论在今天或者一千年以后，都会使一切诚实的人按捺不住愤怒和厌恶。

《罗斯福选集》 第 325 页

十年前，在 1931 年，日本入侵满洲国——未加警告。

在 1935 年，意大利入侵埃塞俄比亚——未加警告。

在 1938 年，希特勒占领奥地利——未加警告。

在 1939 年，希特勒入侵捷克斯洛伐克——未加警告。

同样在 1939 年，希特勒入侵波兰——未加警告。

在 1940 年，希特勒入侵挪威、丹麦、荷兰、比利时和卢森堡——未加警告。

在 1940 年，意大利先后进攻法国和希腊——未加警告。

而今年，1941 年，轴心国家进攻南斯拉夫和希腊，控制了巴尔干——未加警告。

还是 1941 年，希特勒入侵俄国——未加警告。

而现在日本进攻了马来亚和泰国——以及合众国——未加警告。

完全是一个模式。

《罗斯福选集》 第 326 页

今天日本人正在宣扬，由于他们在夏威夷的一项行动，他们已经取得了太平洋的最高制海权。这是已经被纳粹分子使用了无数次的旧的宣传花招。这种离奇宣传的目的当然是为了在我们中间散布恐惧和混乱，妄想刺激我们泄露敌人焦心如焚地想得到的军事情报。

《罗斯福选集》 第 327 页

你们的政府知道，德国若干星期以来都在告诉日本，如果日本不进攻合众国，日本就不能在取得和平时同德国分赃。德国告诉日本，如果它参加进来，它就可以取得对整个太平洋地区完全和永久的控制——这不仅指的是远东，而也指的是全部太平洋中的岛屿，以及对北美、中美和南美西边海岸的一个卡脖子的地位。

《罗斯福选集》 第 331 页

希特勒政府，无视海上的法律，无视所有其他国家被公认的权利，已经悍然以书面宣布：大面积的公海——甚至包括西半球的广大海面——将被封闭，任何船只不论为了什么目的都不准进入，除非承担被炸沉的风险。

《罗斯福选集》 第 316 页

德国和日本是根据一项联合计划来进行其陆海军作战行动的。这项计划把不帮助轴心国家的一切民族和国家都当作全体和每个轴心国家的共同敌人。

《罗斯福选集》 第 331—332 页

千万不要忘记，德国和意大利，不管有没有正式宣战，此刻都把自己看作是在同合众国作战，正好像把自己看作在同英国或俄国作战一样。而且德国还把所有其他南北美洲的共和国都归之于同一类的敌人。我们在本半球的姐妹共和国的人民是可以引以为荣的。

《罗斯福选集》 第 332 页

我们必须认识到，日本人在太平洋对合众国的取胜正在帮助德国在利比亚的行动；德国对于高加索的任何进展都不可避免地有助于日本对荷属东印度的行动；德国对于阿尔及尔或摩洛哥的进攻就为德国

罗/斯/福/政/言/录 155

进攻南美洲和运河区打开了前进道路。

《罗斯福选集》 第 332 页

我们也必须学会去了解，再比方说塞尔维亚或挪威的反对德国人的游击战争，则会帮助我们；反对德国人的一次俄国攻势会帮助我们；英国在世界任何地方的陆地或海上的胜利都会增强我们的力量。

《罗斯福选集》 第 332 页

日本的武装征服阴谋已有半个世纪的历史。它并不仅仅是一项追求生存空间的政策：这项计划包括征服远东和太平洋岛屿的各个民族，以及通过日本陆海军控制北美、中美和南美的西海岸进而支配整个太平洋。

这一野心勃勃的阴谋的逐步发展，表现在 1894 年的对华战争；随后对朝鲜的占领；1904 年对俄战争；1920 年以后对太平洋托管诸岛的非法设防；1931 年吞并满洲；和 1937 年对中国的入侵。

《罗斯福选集》 第 336 页

法西斯分子首先在利比亚和的黎波里揭示出自己的帝国图谋。1935 年他们夺取了阿比西尼亚。他们的目标是要统治整个北非、埃及、法国的一部分以及整个地中海地区。

《罗斯福选集》 第 336 页

希特勒已经通过残暴的武力，通过消灭掉国际法的一切踪迹、人道主义的一切踪迹，开始了他控制海洋的战役。

《罗斯福选集》 第 317 页

日本和法西斯领导人的帝国迷梦，比起希特勒及其纳粹分子的宏图大略，还是相形见绌。甚至在 1933 年执政以前，他们就已制订了武装征服计划。这些计划规定要最后统治的，不是世界的某一个部分，而是整个地球和全球的海洋。

《罗斯福选集》 第 336 页

在希特勒组织起他那柏林—罗马—东京同盟时，所有这些征服计划就都合而成为单一的计划。根据这个单一的计划，日本除了自己的征服阴谋以外还显然担当着切断我们向英国、俄国和中国的武器供应——这种武器正在日益加速希特勒末日的到来。日本在珍珠港的行动，其目的是要把我们打得晕头转向——使我们惊慌得赶忙把我们的工业和军事力量转向太平洋地区，或者甚至转向自己大陆的防御。

《罗斯福选集》 第 336 页

破坏物质的和精神的文明中心——这一直是，现在仍然是，希特勒和他那意大利及日本棋子的目的。他们打算瓦解英联邦、俄国、中国和荷兰的力量——然后把自己军队凑在一起去完成最后目标：征服合众国。

《罗斯福选集》 第 338 页

自从日本人，法西斯分子和纳粹分子开始走上他们血迹斑斑的征服道路以来，他们第一次面对着优势兵力聚集起来反对他们的现实。侵略者可以对受害者各个击破而遇不到一致抵抗的日子已经一去不返了。我们联合国将要这样部署我们的力量，以便在能够对他们造成最大损害的地方打击共同的敌人。

　　　　　　　　　　　　《罗斯福选集》　第338页

　　希特勒还会试图在个人之间、集团之间、种族之间、政府之间引起互不信任和猜疑。他还会试图使用他分裂法国和英国的造谣欺骗故技。甚至现在他还在试图用之于我们。然而，他将会发现一种对付他的统一意志和决心，而且这种统一意志和决心将会坚持到底，直到他反对世界人民自由和安宁的一切邪恶阴谋都破灭为止。

　　　　　　　　　　《罗斯福选集》　第341—342页

　　我们国家所有的人都对丘吉尔先生来访感到高兴。我们大家都由他带给我们的伟大信息而感到激动。我们欢迎他来到我们中间，我们大家一同祝愿他回国途中一路平安。

　　　　　　　　　　　　《罗斯福选集》　第343页

　　我们在同英国人民并肩作战，英国人民在若干漫长可怖的月份里孤军奋战，坚定、顽强而又巧妙地顶住了敌人。

　　　　　　　　　　　　《罗斯福选集》　第343页

我们在同俄国人民并肩作战，俄国人民眼见成群的纳粹蜂拥到莫斯科的大门，却几乎超人的意志和勇气迫使侵略军向后撤退。

《罗斯福选集》 第 343 页

我请你们再看看地图，特别是夏威夷以西的那一部分太平洋。甚至在这场战争开始以前，菲律宾群岛就已受到日本兵力的三面包围。在西边，就是中国的那一边，日本拥有中国沿海以及由维希的法国人割让的印支沿海。在北边是日本列岛本身，差不多一直伸展到吕宋北部。在东边是托管岛屿——日本早已独占这些岛屿，并且悍然违背自己的书面保证，予以设防。

《罗斯福选集》 第 350 页

轴心国家的宣传家们企图用各种邪恶的方式破坏我们的决心和士气。在这方面失败以后，他们现在又企图破坏我们对自己盟国的信任。他们说英国人已经垮掉——俄国人和中国人也就要停止战斗。爱国的和明智的美国人不会接受这些荒诞的说法。

《罗斯福选集》 第 354 页

联合国家是由同等尊严和同等重要的独立民族组成的联盟。联合国家献身于一项共同的事业。我们平等地、以同样的热情分担战争的苦痛和可怕的牺牲。在合伙干我们的共同事业上，我们全体必须在统一的计划之下各起各的作用，因为我们都是一样不可缺少的，相互依靠的。

《罗斯福选集》 第 355 页

英国和俄国人民已经体验到纳粹猛烈进攻的厉害。伦敦和莫斯科的命运曾经数次出现过严重的疑问。然而从来没有出现过英国人或者俄国人竟会投降的丝毫问题。今天，在俄国陆军庆祝建军二十四周年时，所有的联合国家都向卓越的俄国陆军致敬。

《罗斯福选集》 第 356 页

法兰西在自己解放的过程中证明了自己同德国人斗争的不懈决心，坚持了占领区抵抗小组和 1940 年灾难后全世界上那些拒绝投降的所有法国人的英勇努力。

《罗斯福选集》 第 495 页

德国军人以及德国人民一定认识到，他们越早单独或成批地放弃抵抗而投降，他们的当前苦恼就会越早结束。他们一定认识到，只有彻底投降，他们才能开始重新作为体面的邻居而可能为世界所接受。

《罗斯福选集》 第 510 页

德国人还很可能作出进一步拼死的尝试来突破我们的战线，阻滞我们的前进。我们永远不要错误地假定德国人已被打垮，直到最后一个纳粹分子已经投降。

《罗斯福选集》 第 478 页

我们高度赞扬——代表美利坚合众国赞扬——俄国、中国、英国以及大英联邦成员国的战斗人员——在此次大战中这些年来对我们的共同敌人作战，使其征服世界的企图未能得逞的千百万人。

我们赞扬其他联合国家的士兵、飞行员和海员，他们的国土已被轴心国的铁蹄所践踏。

《罗斯福选集》 第 394 页

柏林和东京的军国主义者发动了这场战争。但是，被激怒而聚集起来的全人类将结束这场战争。

《罗斯福选集》 第 338 页

历史篇：人民按照其共同意志
书写我们时代的历史

在群众的心里已经默默地，然而却是不可抗拒地建立新秩序。群众的声音是听不到的，然而归根结底，是按照他们的共同意志书写我们时代的历史。

《轮椅总统——罗斯福》 第 344 页

美国人民在自己的历史上曾经面对其他严重的危机——表现出美国人的勇气和美国人的决心。今天他们也不会相形见绌。

《罗斯福选集》 第 321 页

我们创造了历史，这段历史，对整个人类来说，比我们所经历的这些可悲的年代中所知道的，或者甚至敢于设想的，要好得多。

《罗斯福选集》 第 450 页

就今天和明天的问题而言，侵略行为的责任并没有被掩盖起来，可以放心地留给将来的历史学家去秉笔直书。

《罗斯福选集》 第 229 页

在我们取得独立时，作为一支军事力量，我们曾经是软弱的，但是我们成功地抵挡住了专制统治者，他们曾经不可一世，如今已经湮没于历史的尘埃之中了。

那时力量的差距对我们并无所谓。现在有了这一切潜在的实力，难道我们反而迟疑不敢采取一切必要的措施来维护我们美国人的自由么？

《罗斯福选集》　第 300 页

自从我们美国有史以来，我们一直在从事变革——不断的和平革命——默默地适应着变化着的条件，稳步前进的革命——不需要集中营或者沟里的生石灰。我们寻求的世界秩序是自由国家的合作，在友好文明的社会中合作。

《罗斯福选集》　第 280 页

华盛顿在当时困难条件下的表现成为后来所有美国人的楷模——精神耐力的楷模。他坚持自己的道路，因为那是由《独立宣言》所规定了的。他以及同他一起从军的勇士们懂得，没有自由和自由的制度，任何人的生命或财产都是没有保障的。

《罗斯福选集》　第 346 页

汉密尔顿基本上信奉独裁专制……杰斐逊又重新把政府交给了普通选民们……我有一种强烈的感觉，……我想，在一百二十五年后的今天，这同样的两种不同意见是否也在互相斗争着。今天我们已经有了汉密尔顿们，那么，杰斐逊是否快要出现呢？

《罗斯福正传》　第 280 页

然而杰斐逊不但是一个民主主义者，而且是一个科学家。他说过的话有些现在是需要重复的，因为在为未来世界作计划时，科学家将比以往更加重要得多。

《罗斯福与霍普金斯》（下）　第 542 页

我们最好把杰斐逊这个人物看作是一位美国的世界公民。

《罗斯福外传》 第 385 页

如果我们不带偏见地分析美国的历史，我们就不能逃避开这样的现实：在过去我们也并不总是能够在战时抛弃个人的、自私的和党派的利益——我们也并不总是能够在目的上和方向上保持统一。

我们不能忽视，在我们的革命战争、1812 年的战争、或者各州间的战争中，在联邦本身的生存处于危险的时候，那时存在着严重的分歧和缺乏统一。

《罗斯福选集》 第 461 页

由于科学的发展，世界已经大为缩小，以致我们不得不放弃过去那种地理上的衡量标尺。比如，在早期的历史，大西洋和太平洋一贯被认为是合众国的安全屏障。例如，时间和距离曾经使我们和其他的美洲共和国在强大得多的国家面前有实际的可能并保持独立。

《罗斯福选集》 第 454 页

他们声嘶力竭地妄称四大自由和大西洋宪章是一纸空文，因为它们无法实现。这些人如果处于别的时代，也许会说独立宣言完全是废话，……会对大宪章哄然讪笑；会对带着十诫下山的摩西大加嘲讽。

《罗斯福外传》 第 333 页

这样一个世界是达不到的吗？

《大宪章》、《独立宣言》、《合众国宪法》、《（奴隶）解放公告》，以及人类进步的一切其他里程碑——都曾经似乎是达不到的理想——然而都达到了。

《罗斯福选集》 第 300 页

我们大多数人都承认这个平凡的事实：取得进步的道路，是从现有的基础上出发，从往日的经验教训中汲取智慧和勇气来适应今天的任务。

《罗斯福选集》 第 89 页

同样，我们也不能逃避历史。我们相信，子孙后代将会知道：此刻，在二十世纪中叶，具有善良愿望的人们曾经找到一条团结、生产和为消灭无知、狭隘、奴役和战争而斗争的道路。

《罗斯福选集》 第 415 页

这种精神——我们陆海军中这些战士的决心是符合我们国家的最高传统的。比起华盛顿、约翰·保尔·琼斯、格兰特·李、潘兴的麾下，他们丝毫也不相形见绌。这是一种夸耀，我承认——但它绝不是没有根据的夸耀。

《罗斯福选集》 第 286 页

历史是充满了不可预料的事件的，这就需要对之采取灵活的行动。

《罗斯福与美国对外政策》(上) 第 157 页

这只不过是引用历史来提醒诸位，禁运和不交往政策的结果之一，就是我们今天在此集会的首都在 1814 年时遭到部分焚毁。

《罗斯福》 第 179 页

每次战争后，总有一段享乐主义和故步自封的时期，人们对理想很快觉得厌倦。我们现在只不过是在重复历史罢了。

《罗斯福正传》 第 230 页

我们同心协力决心使这场战争之后不再出现导致另一场灾难的间歇——决心不再重复鸵鸟式孤立主义的悲剧性错误——决心不再耽溺于放荡的二十年代的荒唐作为，那时节我国好似在滑行轨道上欢快地兜风，最后却可悲地翻车。

《罗斯福选集》 第 458 页

人世间有一种神秘的轮回。几代人得天独厚，而另外几代人则要付出很多代价。我们这一代美国人要同自己的命运挑战。

《轮椅总统——罗斯福》 第 272 页

四五千年有文字记载的历史已经证明，尽管许多人企图否定上帝，但都失败了，人类始终信仰上帝。

《罗斯福与霍普金斯》(上) 第 202 页

人生总是有兴衰浮沉，但是要记住这个伟大事实，文明本身发展的趋势总是向上的；如果在几个世纪的兴衰之间画一条中线，那么，这条线也是趋于上升的。

《罗斯福：狮子与狐狸》 第 599 页

要从该地区整个人口的今天现状以及距今五十年乃至一百年后我

们预期的状况出发，予以考虑。

《罗斯福选集》 第 147 页

需要多么漫长的时间，才能使过去成为现在啊！

《罗斯福：狮子与狐狸》 第 466 页

这好似坝上面流过去的水，已是一去不返的了。我们不要浪费时间去回顾过去，或是去追究和逃避罪责。历史不能靠着一厢情愿去重新改写。我们美国人今天正在书写新的历史。

《罗斯福选集》 第 281 页

我想，会有那么美好的一天，美国人不得不这样做。世界将变得非常小，爪哇居民将成为我们的邻居。

《轮椅总统——罗斯福》 第 387 页

价值篇：有比个人生活更普遍、更重要的东西

美国人最需要的是什么？我认为他们最需要两样东西：包含一切道德和精神价值在内的工作；与工作一起的还有适度的安全——自身的安全，妻子的安全和儿女的安全。工作和安全……它们是一种精神价值，是我们的一切重建工作所要达到的真正目标。

《罗斯福正传》 第 361 页

否认过去一年来的实质进展的，……大喊大叫得最厉害的怀疑论者，大致可以分为两类：第一，追求政治特权的人；第二，追求经济特权的人。……我们大家最好都记住，人类距离完善无缺还有很长距离，而每个行业——农业、工商业、金融业，乃至政府公务界——都有少数的利己主义者，他们总还会继续首先考虑自己，其次才考虑到他们的同胞。

《罗斯福选集》 第 64 页

我们的建设任务并不需要创造新的、陌生的价值观念。毋宁说它倒是恢复曾为大家所知而在一定程度上被忘却了的理想和价值观念。如果说，在某些方面方法和细节是新的，其目标则是和人类本性一样地固定不变。

《罗斯福选集》 第 57 页

我们是在突然变化了的文明中再一次致力于在美国实现珍视已久的理想。在一切土地上都总是存在着使人们分离的力量和使人们聚合的力量。在我们的个人抱负上，我们是个人主义者。但是，在我们作为一个国家致力于经济和政治进步上，我们则是一体的，不能一起上升就会一起下沉。

《罗斯福选集》 第 140 页

我们承认，那些伟大的教谕者并不完全适用于今天，但是我宁愿做一个建设者，而不愿做一个破坏者，我永远希望生活的结构不断成长——而不是走向死亡。

愿存留在我们中间的破坏者越来越少！

……有朝一日，也许是在那遥远的将来——但这一天肯定会来到——他们都会记起耶稣的教谕：

你们应该像爱自己一样地爱邻居。

《罗斯福外传》 第 333 页

在以为是命中注定而逆来顺受的多少世纪之后，我们找到了战胜瘟疫的办法。我们拒绝让涉及到我们共同福利的问题听从机会的阵风和灾难的狂飙去摆布。

在这方面，我们美国人并没有发现什么崭新的真理；我们只是在创作着自治之书的新篇章。

《罗斯福选集》 第 136 页

人道精神的基础使我们认识到，我们作为个人必须认清我们既应对世界其余的人承担一定责任，又实际赖以生存，这样我们的文化才能历久不衰。因为千真万确，所谓"自给自足"的男人或女人，早已像石器时代的人一样完全绝迹了。没有其他千千万万人的帮助，我们身上的衣服，我们生活中所享受的各种奢侈品，要有多少人在阳光照耀的田野上，在黑暗的矿坑中，在熔铁炉的酷热下，在无数工厂的织机纺车旁劳动，才能把它们创造出来，供我们使用和享受。

《罗斯福与霍普金斯》（上）　第26页

国家的最大需要，远不止生活用品和物质享受；我们内在的精神唤醒并教育我们去寻求精神上的安宁——心情平静，坚信未来，乐天知命，这些才使人们可能生活下去，而且生活得美满。

《罗斯福选集》　第90页

我们已经学会作为一个国家去思考。我们也已经学会把我们自己当成一个国家。

美国的每一个阶层都对其他阶层说："你们的人就是我们的人。"这在我们的历史上是从来没有过的。

《罗斯福选集》　第157页

我们在将来和在过去一样，将依靠个人主动性引起的干劲，公平的私人利润带来的刺激，再加上我们大家都应该接受的对公共利益的责任心。

《罗斯福选集》　第71页

这一代的美国人已经开始认识，从现实和切身体会认识，现在有比任何个人或任何一群人的生活又普遍和更重要的东西——为了这些东西，一个人愿意并且乐于牺牲不仅是自己的乐趣，不仅是自己的财产，不仅是自己的感情联系，而且是自己的生命本身。

《罗斯福选集》 第 534 页

让我们为了在我国国内相互关系上致力于这些同样的理想，以便一旦考验临头我们可以有统一的意志，它是民主能够战胜敌人的唯一武器。

《罗斯福选集》 第 215 页

必须承认国家道德和个人道德都是同样关系重大的。

《罗斯福选集》 第 152 页

幸福并不建筑在仅仅拥有金钱上；它建筑在有所成就引起的欢乐，创造性工作所激发出的快感。一定不要在疯狂地追求瞬息即逝的利润中再去忘记劳动给我们带来的欢乐和精神上的鼓舞。

《罗斯福选集》 第 15 页

我本人决不认为拓荒时代已经结束；我只认为拓荒的领域有所改变。地理方面的拓荒时代已经基本完成。但是，朋友们，社会领域里的拓荒时代现在刚刚开始。大家明白：英雄主义，虔诚信念，远见卓识这些征服大自然时所需具备的品质，如今比以往更为需要，因为如今是要把现代社会的各种力量置于适当的控制之下。摆在我们面前的任务，就其意义之重要和规模之宏伟来说，都需要你我全力以赴。

《罗斯福选集》 第 112 页

个人自由和个人幸福如果不按照"对一个人有利的对别人也无害"这一原则去安排，就会变得毫无意义。

《罗斯福外传》　第 193 页

　　为了使其努力获得成功，就必须找出共同的立场和共同的道路，每个人都要在形式上和方法上作出某些让步，以便大家都能得到共同要求的实质。

《罗斯福选集》　第 88 页

　　合作的定义是"为整体的自由而奋斗"，而不是为个人自由而奋斗。任何一个人，工作中想干就干，想不干就不干，愿意在哪里居住就在哪里居住，生活想如何安排就如何安排，光有这种权利是不够的……。

《罗斯福正传》　第 112 页

　　是的，我们中间有少数的人还是会走回头路的。这些少数人对于既得的利益提不出任何取代的办法，也对于今后增进人类幸福提不出任何希望。他们大喊大叫个人自由受到政府的约束，然而问他们究竟丧失了什么个人自由时，他们又回答不出来。

《罗斯福选集》　第 61 页

　　对于肯于剪短美国雄鹰的双翼来铺垫自己安乐窝的一小撮自私的人，我们尤其一定要提防。

《罗斯福选集》　第 273 页

他们只知道追求私利者一代的法则。他们没有远见，而没有远见的人民必须灭亡。

《罗斯福与霍普金斯》（下）　第 12 页

毫无顾忌的自私自利是不道德的；我们现在知道它也是不合算的。

《罗斯福选集》　第 137 页

冷静的头脑不那么容易原谅冷酷的心肝。我们认识到，除了在有善良之心的人之间，是存在什么与人为善的时代的。

《罗斯福选集》　第 138 页

认识到把物质财富当做成功的标准是错误的，也就不会再相信担任公职和很高的政治地位之所以可贵仅仅在于高官厚禄，同时也必须忠于金融业和商业中的一种作法，它常常使得神圣的委托浑似无情和自私的恶行。……只有诚实、荣誉感、神圣的责任心、忠贞的维护和无私的作为才能鼓舞信心；没有这一切，信心也就不能存在，

《罗斯福选集》　第 15 页

我见到了千百万人民，把统计学使用到这样一些人身上只能削弱而决不会增强这些人的根本重要性……，真正算数的是印象，是向我们揭示事物的本质和整体的那些生动的瞬息闪光。

《罗斯福外传》　第 195 页

历史教训确凿地指明，继续依靠救济过活会造成一种精神上和道

罗/斯/福/政/言/录 173

德上的瓦解，对国民素质是根本有害的。这样进行救济，就等于使人吸食毒品，这是伤害人类精神的巧妙方法……。

《现代美国1896—1946年》 第521页

人民现在聚集了自己的力量。他们在昂首阔步地前进——任何单独或联合起来的力量，任何手腕、欺骗、暴力，现在都阻挡不住他们。世界的希望就展现在他们的眼前……。

《罗斯福选集》 第403页

在这个世界上，判断大小不仅仅取决于土地的面积；而是取决于居住在这块土地上人民的特质。

《罗斯福选集》 第120页

我们能够有速度，我们能够有效率，只要我们保持现有的统一。我们现在没有，也永远不会有，屈于威武、诱于宣传的人的那种虚假的统一。我们的统一，是有智慧、有勇气承认真理、面对现实的自由的男人和女人之间才能有的统一。

《罗斯福选集》 第283页

我们在开始消除实际和理想之间的界限。

《罗斯福选集》 第137页

除了我们眼前的任务以外，我们还必须看到更广阔的未来。我们正在寻求恢复众所周知、早经确立、在某种程度上被遗忘了的理想和价值观念的道路。

《罗斯福选集》 第 65 页

我们并不把信仰、希望和博爱看成是可望而不可即的理想，而把它们用作文明时代一个国家为自由而奋斗的坚强支柱。

信仰——在专制国家包围之中，对民主坚持不移。

希望——由于我们清楚地看到已经取得的进步，从而重新燃起了希望。

博爱——坚持这个古老词语的真正含义。博爱一词的原意就是爱，相互体谅的爱，这种爱不单纯是有福共享，而是以真正的同情和智慧去帮助人们自助。

《罗斯福选集》 第 127 页

每个时代无非都是一场美梦，有的在幻灭，有的在诞生。

比起停滞不前和灰心丧气的岁月来讲，我们已经前进了不少。我们保持了活力。我们的勇气和信心已经恢复。思想上和精神上的视野已经扩大。

《罗斯福选集》 第 138 页

我们的未来是属于我们美国人民的。

未来的蓝图要靠我们去设计；未来的大厦要靠我们去建造。

《罗斯福：狮子与狐狸》 第 577 页

大海的浩渺总使我联想起宇宙的永恒和人生的短暂。但在人生短暂的时间里，人应该最大限度地去做他有可能、有能力做的事，应该像朗费罗所说的那样，"在时间的大漠上留下自己的痕迹"。

《未完成的肖像》　第 420 页

我们从事建设和保卫并不单单是为了我们这一代人。我们保卫的是我们先人打下的基础。我们在为还没有出世的多少代人建立着一种生活。我们在保卫一种生活方式，建立一种生活方式，不仅仅是为了美国，而是为了整个的人类。我们的职责是崇高的，我们的任务是宏大的。

《罗斯福选集》　第 253 页

在我们面临的伟大任务中，我们不能迟疑，我们不能含糊。保卫美国的自由必须优先于一切个人目的和一切个人利益。

《罗斯福选集》　第 312 页

这一代的美国人已经开始认识，从现实和切身体会认识，现在有比任何个人或任何一群个人的生活更普遍和更重要的东西——为了这些东西，一个人愿意并且乐于牺牲不仅是自己的乐趣，不仅是自己的财产，不仅是自己的感情联系，而且是自己的生命本身。在未来安危难定的危机时刻，我们开始在充分认识和完全忠贞的基础上体会到我们国家究竟如何，以及我们如何受惠于它。

《罗斯福选集》　第 354 页

我们都知道，个人自由和个人幸福是毫无意义的，除非两者都符合"于已有利必须于人无害"的原则。

《罗斯福选集》 第 13 页

你们当中任何人获得暂时的风光却令其他人永远处于萧条境遇的做法，最终将使你们一无所获。我要求你们将你们的福祉诠释为整体的福祉；你们要从国家整体的视角而非某个特殊工业部门的角度出发来看待复兴问题；摒弃特殊的、自私的利益，从国家复兴的角度去思考和行动。

《罗斯福自述：走出危机》 第 42 页

我们的士兵和水兵都是训练有素的部队单位的成员。但是他们仍然是，而且永远是一些个人——自由的个人。他们是农场主，以及工人、企业主、专业人员、艺术工作者、职员。

他们就是美利坚合众国。

所以他们才去作战。

我们也是美利坚合众国。

所以我们才必须工作和作出牺牲。

这是为了他们。这是为了我们。这是为了胜利。

《罗斯福选集》 第 368—369 页

大多数人如果知道一个问题的两个方面，而且被呼吁去支持大众的利益，就会高兴地把自私放在一边。

《罗斯福选集》 第 172 页

青年篇：不安、不满、怀疑、火热的新一代成为尖锐的问题

你们千百万青年在其成长起来的这个世界，已经不是你们父辈的那个固有的旧世界了。一些昨天被认为理所当然的东西，已不复存在；许多昨天被认为理所当然的东西，受到了怀疑。为什么一些已不复存在了？为什么许多受到了怀疑？因为当代人类文明的现实和需要比上一个世纪发生了更大的变化。

《罗斯福选集》 第 107 页

我们青年人的性格已经变得更加烦躁不安、更加不满现实、更加多疑好问。火热的青年成了火热的问题。年轻人来找我们，他们想知道，对于一个使这么多青年受到创伤的社会，我们打算做些什么。

《罗斯福选集》 第 107 页

青年们这种穷根究底的态度是无可厚非的。你们有权提出这些问题——实际的问题。对这些问题躲闪规避的人，是不值得你们信任的。

《罗斯福选集》 第 107 页

许多年纪大一些的人，似乎仅仅因为是成年人就妄自尊大。当青年们满怀热情和理想投奔他们时，他们脸上装出一付屈尊俯就的笑容，拍拍这些男女青年的肩膀，用老于世故的方式把他们打发出去，口口声声表示他们所谓的祝愿。然而——正如每个青年所知——那不是什

么祝愿；那是浇头的一盆冷水。他们真正对你说的是："你还年轻，沉溺于你们的热情和理想吧；当你们长大进入社会以后，就会懂得了。"可悲的是，许多青年正是走的这条路：他们的确长大了，而在长大的过程中，他们的热情和理想也就消失了。这就是为什么他们所踏进的社会好转得如此缓慢的一个原因。

《罗斯福选集》 第107页

我将等待时机，一直等到华盛顿的这帮人表明他们能够成功，或者表明他们是一些毫无希望的失败者。在未来的岁月里，感谢上帝，你我还都比较年轻。

《罗斯福：狮子与狐狸》 第122页

也许有朝一日你会成为总统。如果你真能坐在这里，你就会知道，只凭大声疾呼，你是永远不可能得到你想得到的东西的。

《罗斯福：狮子与狐狸》 第540

为经济民主而战斗的新兵都是受欢迎的，不论他们所属的党派；然而，在世界历史的严重关头，我们不能冒险让久经考验的领导人为别人所取代，这些别的人，不论多么真诚，还有待于立功成名，还需要证明他们的才识，以及他们在争取社会正义斗争中的真正立场。确实并且真诚参加到争取社会正义、经济民主斗争而别无他图的人，是不会去指摘从事共同事业的老战士的。

《罗斯福选集》 第222页

要根据他们做过的事，而不只是根据他们说他们可能要做的事来选择他们。

《罗斯福选集》 第224页

我们不能只要有所得，也要有所贡献。

《罗斯福选集》 第 16 页

唯一会限制我们明天成就的因素就是我们今天的迟疑。

《罗斯福选集》 第 523 页

在生活中不会永远一帆风顺。我们不能孤立地生活在世上，我们的安宁取决于其他人的安宁……已如爱默生所说，交朋友的唯一办法是你自己要够朋友。

《轮椅总统——罗斯福》 第 513 页

要有勇气，我们才能大胆地思想，找到满足国家需要的办法。现在同以往一样，勇敢就是智慧。

《罗斯福：狮子与狐狸》 第 389 页

正确的事情就是正确的，不管它刺痛了谁。

《罗斯福：狮子与狐狸》 第 61 页

自信过分和自鸣得意都是我们的死敌。

《罗斯福选集》 第 462 页

骆驼虽然会被最后的那根稻草压垮，可我会再弄头骆驼出来。这次失败了，还有下次呢！

《罗斯福正传》 第 106 页

要同时当好一个学生，应酬好社交界，当一个重要的、民主的家伙，当一个未婚夫，真是不容易啊。

《罗斯福正传》 第 59 页

要成大事，就得既有理想，又讲实际，不能走极端。

《光荣与梦想》（第一册） 第 69 页

我觉得能把本职工作同个人的爱好结合起来真叫人高兴。

《罗斯福正传》 第 131 页

（我们）需要并且将不折不挠地去发现我国所能提供的最佳人才。

《罗斯福选集》 第 65 页

传统的教学方法，不能刺激学生的热情和想象力。就像一个没有电线的灯泡，不能照明。如果不接电流，就没有用。

《罗斯福》 第 14 页

当我们的孩子们长大以后，他们也有困难要克服。然而，我们应该勇敢地承担责任，为他们作好准备，以便将来在他们必须克服困难的时候，那些困难对他们所造成的压力会减轻一些。

《罗斯福选集》 第 89 页

我向国会提交的下一项提案的目的很明确，那就是给 30 万年轻人创造就业机会，通过建立国内资源保护队将这些年轻人带离城市街道和州高速公路。

《罗斯福选集》 第 23 页

你们①正在根据亲身体会来衡量世界的现状。你们曾备尝经济萧条的折磨，你们曾流落街头，寻找那找不到的工作。由此造成肉体上的困苦自不待言，更严重的是幻想破灭造成心灵上的创伤。

《罗斯福选集》 第 107 页

我们这些政府工作人员正在设法延长美国学生在校的年龄，在全国每个州都要延长，使男女青少年更便于留在学校里。你们可以自己设想一下，如果那些目前在工厂劳动的十四五岁和十六七岁的男孩和女孩，都能在学校呆到至少十八岁的话，情况将会如何。

《罗斯福选集》 第 110 页

不管你们年纪多大，如果你们的青春精神使你们有理想和远见——相信美国必将有更加伟大和更加美好的理想和远见；如果你们的青春精神使你们确信：贫困可以大大减少；被迫失业的羞辱可以消灭；阶级仇恨可以根除；国内外的和平可以维护；有朝一日这个国家属于一代新人，他们享有一切现在我们还不知道的东西，享有那些使人们的物质生活和精神生活更丰富的一切东西；如果你们是这样的，你们今晚就应该感谢上帝。

《罗斯福选集》 第 113 页

---

① 你们是指千百万青年。

总统篇：我只想成为复兴运动的平凡象征和人民意志的卑微工具

一个人经历多年的政治生活之后变得明智起来。他深知赞许的光辉照耀在他身上未必是因为他本人有多重要，对他的赞许是因为人们的普遍意愿在他身上找到了令人满意的体现。

《罗斯福外传》 第 195 页

我可以听到你们无声的惊叹，纳闷在这个多事的世界里我们究竟朝何处走。我不能期望所有的人都理解所有的人的问题；但是了解这些问题乃是我的职责所在。

《罗斯福选集》 第 186 页

为了更好地实现美国人民的理想与希望，人人都需要尽自己最大的力量，我本人只想能够成为这次复兴运动的一个平凡的象征。

《罗斯福正传》 第 375 页

美国人民需要的是直接而果敢的行动。他们现在以我为实现他们愿望的工具——暂时的卑微的工具。

《罗斯福：狮子与狐狸》 第 222 页

让这个行动也象征着我打破了传统。从现在起，我们党的任务就是要打破这些愚蠢的传统。

《罗斯福：狮子与狐狸》 第 195 页

人民需要一次真正的抉择。我们的党必须是这样一个党：它具有自由主义思想，行动富于计划性，对于国际问题持开明的观点，而且为我国最大多数的公民谋取最大的福利。

《罗斯福：狮子与狐狸》 第 195 页

从全国意义来说，我们实际上根本没有领袖。这是一种难以形容的在黑暗中摸索的状况。

《罗斯福：狮子与狐狸》 第 137 页

总统职位的最显著的特点是实行道德上的领导。我们所有伟大的总统，在国家生活中某些具有历史意义的概念需要澄清的时候，都是作为思想上的领袖出现的。

《罗斯福：狮子与狐狸》 第 211 页

总统的职务提供了一个最佳机会，使我们重新应用或在新的条件下应用人类行为的简单原则，这些原则是我们一贯依赖的。如果没有机警的对变化敏感的领导，我们都会陷入泥潭或者迷失道路。

《罗斯福：狮子与狐狸》 第 211 页

要想看到我国的清楚透澈的全貌，最困难的地点是华盛顿。……从长远的观点看全国，这是你们选我充任的职务的一项并不寻常的责任。

《罗斯福选集》 第 80 页

美国需要这样一个领导人，他不仅理解商务和政府大事，而且也同样理解农民、挣工资者以及别的个人的愿望。……这个领导人要有取得胜利的决心——他不仅应该取胜而且能够取胜。胜利是他的特征。

《罗斯福正传》 第 285 页

请根据我的敌人的评论来评价我。

《轮椅总统——罗斯福》 第 535 页

我现在不谈共产党人，他们有自己的哲学，自己的准则。我谈的是我们那些批评家，在他们眼里，我一会儿是保守派，一会儿是激进派，一会儿又是自由派。这些诨名意味着什么？应该怎样去理解？只看作是谩骂吗？

我要说，反动派是向后倒退的梦游病患者。保守派是两腿健全、但没有学会走路的人……激进派大概是双脚牢牢站在云雾里的人。而自由派是我喜欢的；他腿脑并用。

《未完成的肖像》 第 291 页

实际上，我是个态度非常温和的人——无论在国内和国外都讲求和平，笃信资本主义制度。

《罗斯福：狮子与狐狸》 第 470 页

一、我没有想成为独裁者的任何意图。

二、我不具备一位优秀独裁者应有的素质。

三、我很熟悉历史和当今的独裁者们，目的是想考察用某种专政形式代替美国现行民主的想法是否行得通。

《轮椅总统——罗斯福》 第 300 页

我所做的正是我明白怎样做才是最好的事——那是我能做到的最好的事；而且我打算坚持做到底。假如结果证明我做得对，现在对我的种种攻击就一文不值。假如结果证明我错了，即使一万个天使赌咒发誓说我对了，那也无济于事。

《罗斯福：狮子与狐狸》 第 322 页

上帝知道我是不愿意连任总统的，但我可能感到连任是必要的。

《罗斯福与美国对外政策》(下) 第 633 页

当总统是一个多么孤独的职业。

我在这里失去的就是这个——群众。

《罗斯福》 第 13 页

我通过同美国人民接触而重新获得力量。

《罗斯福：狮子与狐狸》 第 410 页

政府首脑每一次出现在人群中都潜伏着冒险因素，如果有人想要打死我，那是无法制止的。要知道，只能预防第二枪。

《轮椅总统——罗斯福》 第 207 页

我对于偏见、个人的愚蠢行为和错误想法的担忧，不如我因为数众多的农民所表现出的那种十足的愚昧无知而感到的忧虑。

《罗斯福：狮子与狐狸》 第 167 页

这种情况十分可怕：你想领个头，但回头一看，身后一个人也没有。

《罗斯福：狮子与狐狸》　第412页

我能迅速看清一个人并充分了解他。直觉往往比长时间的多方面考察更有用。

《轮椅总统——罗斯福》　第126页

有一天你也可能成为美国总统，到那时，你望着那儿的那扇门，你会知道，几乎进门来的每一个人都是有求于你。那时你会发现，做总统是一个多么孤独的职业。于是你会感到，你需要像哈里·霍普金斯那样的人，他除了为你效劳，别无任何需求。

《罗斯福与霍普金斯》（上）　第17页

他能向每一个错误和不良行为进行斗争，使他的对手们在他面前胆怯畏缩，他能使每个听他讲话的人感到他不光是诚挚的，而且他讲的都是正义的。他是政治战场上的"快乐勇士"。

《罗斯福正传》　第265页

对于一个从事社会活动的人来说，避免让他的名字在他一无所知的情况下为各种企业所利用，有多么困难。

《轮椅总统——罗斯福》　第108页

凡有可能，大家至少一年一度地换换环境，这是件好事。我不想陷入那样的境地，由于树木丛密而不见森林。

《罗斯福选集》　第67页

恐怕目前人们的常识也提不出新的办法。——但是不幸我的记忆力很强，我既不会忘记我们的敌人，也不会忘记我们的目的。

《罗斯福：狮子与狐狸》　第 329 页

调解分歧不可能使一切人都满意。因为我并不期望过多，我也就不感失望。然而我知道我必须永远不放弃——我必须永远不放松全体人民的较重大的利益，即使这样做可能一时最便于自己摆脱麻烦。

《罗斯福选集》　第 186 页

不冒点险你就一事无成，我不是孤立地考虑这个问题的，我把它看作是能与疾病作斗争的一种榜样。这不仅仅是多搞一个疗养院，更重要的是，要使它成为一切有这种需要的人的希望的象征。

《罗斯福外传》　第 157 页

你们有两条腿，闲暇时可以玩高尔夫球，打野鸭子等等。而我的全部活动就是读书。

《轮椅总统——罗斯福》　第 125 页

我也被明媚的春光陶醉了。在这个世界上，我毫无牵挂。对于一个被报纸称为独裁者，正把政府推向彻底破产境地的总统来说，这该是很了不起的吧！

《罗斯福：狮子与狐狸》　第 396 页

一天二十四个小时睡上十二个小时，晒晒太阳，心情舒畅，随它世界毁灭我也不管。有趣的是，世界却并没有毁灭。

《罗斯福与霍普金斯》（上）　第 23 页

难道你幸福吗，露西？你从来不问我为什么爱你。我也从来不问你这个问题。我在什么地方读过一句可怕的话：如果一个人知道自己为什么爱，那就意味着他并不爱。但我要说的不是这个。比我们更强大的种种因素妨碍了我们的幸福。

《未完成的肖像》 第 131 页

人世间也有一种神秘的循环往复。对有些世代给予很多实惠，对另一些世代则寄予很大希望。我们这一代美国人正是风云际会。我接受你们给我的使命。我要同你们在一起。战斗不停，我决不退役。

《罗斯福：狮子与狐狸》 第 359 页

如果我失败了，我就是美国的末代总统了。

《光荣与梦想》（第一册） 第 111 页

上天赐予我的不是惩罚，而是考验。只有那些罪人和不可救药者才受惩罚。上天赐予强者以考验，想试试他们的勇敢和对真理的忠诚。

《未完成的肖像》 第 153 页

我的敌人是那些垄断性企业，金融垄断组织，投机倒把的奸商，没良心的银行老板……有组织的大财团。在美国历史上，这几股势力紧紧抱成一团，反对一个总统候选人，这还是第一次。他们都恨我，我欢迎嘛！

我希望得到的评价是，我首任总统时，那些代表自私自利、权欲的势力遇到了势均力敌的对手。我还希望人家有这样的意见：到我连任总统的时候，这些势力会遇到的是克敌制胜的强手。

《光荣与梦想》（第一册） 第 206 页

这几年我们的民主事业在许多战线上取得了进展。我有幸在这段时间里成为你们的总统，这是我的最大的荣誉。任何有抱负的人也难再有比这更高的奢望了。

《罗斯福：狮子与狐狸》 第 576 页

这是履行承诺并收获圆满的一年——实现了对美国人民的保证，即让许多人希望过上更加有序的生活这个愿望圆满实现。

《罗斯福自述：走出危机》 第 1 页

当重大威胁危及我们的基本安全时，我有责任就保障我们基本安全的途径向国会提出建议。这样做时，我不仅要做到对少数人公平，更要保证对大多数人公平。

《罗斯福自述：走出危机》 第 13 页

我曾度过许多不眠之夜，我常扪心自问：作为三军的统帅，我号召千千万万的男女去报效祖国，号召他们练好本领去报效祖国，而当全国人民同时也要求我尽个人的职责为祖国效劳的时候，我却加以拒绝，扪心自问，我有权利这样做吗？

《罗斯福：狮子与狐狸》 第 549 页

只有人民才能召唤他们自己的总统。如果人民向我发出了这样的召唤，我愿以最简单的言词向你们表示，我将在上帝的保佑下，继续贡献出我的全部才能和全部力量为你们服务。

《罗斯福：狮子与狐狸》 第 550 页

国外事态发展瞬息变化，责任在身，我不得不留在白宫，有时离开，也不能走远，以便在必要时，我可以在几个小时内回到我的办公桌旁，与华盛顿，甚至与欧洲、亚洲直接通电话联系。

《罗斯福：狮子与狐狸》 第 556 页

我向你们保证，我决心要为美国人民实行一种新政。

《罗斯福：狮子与狐狸》 第 196 页

在重新宣誓就任合众国总统之际，我接受领导美国人民沿着他们已经选择的前进道路走向前去的庄严职责。

这个责任既已托付给我，我将竭尽全力代表美国人民讲话，执行他们的意志，祈求上天指引来帮助我们大家，启发昏愦，走向和平。

《罗斯福选集》 第 140 页

我们正在为自己和全世界拯救一种伟大而珍贵的政治体制而战斗。

我接受你们给予我的重任。我加入你们的行列。我决心在这场战斗中服役到底。

《罗斯福选集》 第 129 页

对于给予我的信任，我愿意拿出时代所要求于我的勇气和坚贞。我决不会有负众望。

《罗斯福选集》 第 18 页

我们对基本民主的未来并未失去信念。合众国的人民并未气馁。在困难中，他们作为选民提出的要求是直接而有力的行动。他们要求的是有领导的纪律和方向。他们已经选择我来作为实现他们愿望的工具，我也是以这样的精神来担当的。

《罗斯福选集》 第 18 页

自始至终，在我的心里有两个想法占了支配地位，这就是保障我们祖国大地的和平，使民主势力为美国的普通人民造福。

《罗斯福：狮子与狐狸》 第 576 页

这是一个艰巨的任务。有此任务在肩，昼夜不容懈怠。

《罗斯福：狮子与狐狸》 第 576 页

七年以前，我依靠忠心耿耿的助手，依靠千千万万普遍美国人的信任、忠诚和支持开始了我的总统事业。

《罗斯福：狮子与狐狸》 第 576 页

参考书目

1. 富兰克林·德拉诺·罗斯福，《富兰克林·德拉诺·罗斯福公开文件与讲演集》，纽约兰登书屋版。中文选译本，《罗斯福选集》，关在汉编译。商务印书馆 1982 年版。

2. 詹姆斯·麦格雷戈·伯恩斯，《罗斯福：狮子与狐狸》，伦敦塞克—沃伯格公司 1956 年版。中译本，张自谋等译，商务印书馆 1987 年版。

3. 罗伯特·E. 舍伍德，《罗斯福与霍普金斯——二次大战时期白宫实录》，纽约哈帕兄弟公司 1959 年版。中译本，福建师大外语系译，商务印书馆 1980 年版。

4. 罗伯特·达莱克，《罗斯福与美国对外政策 1932—1945》，纽约牛津大学出版社 1979 年版。中译本，白自然等译，商务印书馆 1984 年版。

5. 内森·米勒，《罗斯福正传》，马里兰 1983 年版。中译本，赵师传等译，新华出版社 1985 年版。

6. 奥尔登·哈奇，《罗斯福外传》，纽约豪特公司 1947 年版。中译本，张梦白等译，江西人民出版社 1982 年版。

7. 苏联外交部，《斯大林与美国总统通信集》，苏联外文书籍出版社 1957 年英文版。中译本，宗伊译，世界知识出版社 1963 年版。

8. H．H．雅科夫列科夫，《轮椅总统——罗斯福》，莫斯科国际关系出版社 1982 年版。中译本，宋竹音等译，北京出版社 1987 年版。

9. 亚·恰科夫斯基，《未完成的肖像》，原载 1983—1984 苏联《旗帜》杂志。中译本，程家钧等译，上海译文出版社 1987 年版。

10. 邓蜀生，《罗斯福》，浙江人民出版社 1985 年版。

11. 威廉·曼彻斯特，《光荣与梦想 1932—1972 年美国实录》，波士顿小布朗公司 1974 年版。中译本，朔望、董乐山等译，商务印书馆 1978—1979 年版。

12. 德怀特·L. 杜蒙德，《现代美国，1896—1946 年》，中译本，许乃炯等译，商务印书馆 1984 年版。

13. 拉尔夫·德·贝茨，《1933—1973 年美国史》(上册，富兰克林·罗斯福当政时期，1933—1945)；伊利诺伊道塞出版社 1973 年版。中译本，吴世民、沈宗美等译，人民出版社 1984 年版。

14. 大卫·C. 惠特尼，《美国总统列传》，纽约道布尔戴公司 1975 年版。中译本，劳陇、为葳等译，天津人民出版社 1986 年版。

15. 刘绪贻主编：《当代美国总统与社会——现代美国社会发展简史》，湖北人民出版社 1987 年版。

16. 莉莲·罗杰斯·帕克斯，《罗斯福一家》，普伦蒂斯——霍尔公司 1981 年版。中译本，赵锡中等译，新华出版社 1985 年版。

17. 富兰克林·德拉诺·罗斯福，《On Our Way》，中译本，《罗斯福自述：走出危机》，张爱民译，新华出版社 2010 年版。

富兰克林·德拉诺·罗斯福生平简介

中 文 名：富兰克林·德拉诺·罗斯福
外 文 名：Franklin Delano Roosevelt
国 　　籍：美国
出生日期：1882 年 1 月 30 日
逝世日期：1945 年 4 月 12 日
职 　　位：总统
成 　　就：连任四届美国总统
　　　　　推行新政克服经济大萧条
　　　　　带领美国赢得二战
　　　　　三度荣登时代周刊年度风云人物

富兰克林·德拉诺·罗斯福美国第 32 任总统，一直被视为美国历史上最杰出的总统之一，他是唯一一位连任四届的美国总统（1933—1945），他打破了美国总统不能连任两届以上的惯例，树立了一个坚忍、机智、奋斗不息的形象，创造了美国空前绝后的纪录；他是唯一一位坐在轮椅上的美国总统，这个坐了 20 多年轮椅的伟人，战胜了残疾、战胜了对手、战胜了经济萧条、战胜了法西斯。对于美国人来说，他使美国成为世界超级大国；对于世界来说，他参与奠定了一个新的全球政治格局；对于残疾人来说，他用一生告诉我们：无论是总统还是平民，当厄运到来时要牢牢把握住自己命运的舵盘，让生命之舟扬帆远航。富兰克林·德拉诺·罗斯福是继林肯后最受美国和世界公众欢迎的美国总统，他被人们喻为"狮子"和"狐狸"。

罗斯福出生于纽约一个富有的家庭，父亲詹姆斯·罗斯福是一个百万富翁，母亲萨拉·德拉诺比父亲小 26 岁。他在家排行老二，有兄妹四人。1896 年，罗斯福进入格罗顿学校，后来，先后就读于哈佛大学和哥伦比亚大学，并于 1905 年 3 月，与埃莉诺（西奥多·罗斯福总统的侄女）结婚。总统亲自参加了结婚仪式，使得婚礼非常隆重，但富兰克林发现，大多数人都是因总统而来，由此激发了他从政的决心。

1910 年，罗斯福以民主党人的身份开始涉足政界，当他把这个决定告诉身为共和党人的总统叔叔时，却遭到了对方的臭骂，但是罗斯福没有改变前进方向，他乘着一辆红色的汽车，每天进行十多次演说，最终当选纽约市参议员。

罗斯福当参议员时，英姿焕发，英俊潇洒，才华横溢，深受人民爱戴。正当富兰克林·罗斯福准备在政坛大展身手的时候，一场无情的灾难突然降临到他的身上。1921 年 8 月，罗斯福带全家在坎波贝洛岛休假，正好赶上了他度假地森林大火，在参加扑灭了这场大火后，他跳进了冰冷的海水，因此患上了脊髓灰质炎症。在养病期间，他阅读了大量美国历史、政治方面的书籍。在这段时间里，罗斯福的性格也发生了重大的变化，他变得温和、谦虚、平易近人。他把与疾病斗争、积极锻炼身体看作是一件非常愉快的事情。经过这段挫折的锤炼，罗斯福的眼界和思路更开阔了。他学会尊重并理解与自己不同的观点，对那些受折磨又极需要帮助的人充满了深切的同情。他躺在那里一天天地成熟起来，从一个轻浮的年轻贵族变为一个能理解下层人民的人道主义者，而正是这一点使他最终入主白宫。

利用一副钢与皮革制成的双腿支架，罗斯福最终可以在别人的搀扶下站立和行走了。经过 7 年的养精蓄锐，他重新走上政坛，并在 1928 年成为纽约州州长。随后，他开始了向总统宝座的冲刺。

第一个总统任期

1932 年罗斯福作为民主党总统候选人参加竞选，首次参加竞选他就通过发言人告诉人们："一个州长不一定是一个杂技演员。我们选他并不是因为他能做前滚翻或后滚翻。他干的是脑力劳动，是想方设法为人民造福。"依靠这样的坚忍和乐观，罗斯福终于在 1933 年以绝对优势击败胡佛，成为美国第 32 届总统。

罗斯福宣誓就职

在罗斯福首次履任总统的 1933 年初，正值经济大萧条的风暴席卷美国的时候，工人失业、银行破产、工厂倒闭、股市暴跌，到处可见美国人的痛苦、恐惧和绝望。罗斯福却表现出一种压倒一切的自信，他在宣誓就职时发表了一篇富有激情的演说，告诉人们：我们唯一值得恐惧的就是恐惧本身。罗斯福入主白宫后，对内积极推行以救济、改革和复兴为主要内容的"罗斯福新政"。为了推行新政，他通过"炉边谈话"方式，密切与人民群众的联系，与反对新政的最高法院进行坚决的斗争并成功地改组最高法院。

罗斯福新政恢复了公众对美国政治制度的信心，强化了联邦政府机构。并由此使美国的工业、农业逐渐全面恢复。第一个任期终了的 1936 年，面对国民收入 50％ 的增幅，罗斯福娓娓动听地描述道："此时此刻，工厂机器齐奏乐曲，市场一片繁荣，银行信用坚挺，车船满载客货往来奔驰。"

第二个总统任期

1937 年 10 月，罗斯福在芝加哥参加新建大桥的落成典礼时发表隔离演说："当某种传染性疾病开始蔓延的时候，为了保护居民的健康，防止病疫流行，社会许可并且共同对患者实行隔离。""战争都会蔓延。战争可以席卷远离原来战场的国家和人民。我们决心置身于战争之外，然而我们并不能保证我们不受战争灾难的影响和避免卷入战争的危机。"向美国公众指出了战争恐怖的存在。

1937年富兰克林·罗斯福连任就职宣誓

1938年1月，罗斯福在特别咨文中敦促立即增加20%的海军建设费。国会经过激烈辩论而于5月通过"文森扩充海军法"，准许以10亿美元发展海军。这一事实表明，大多数认真思考问题的美国人，已经看到战争的威胁并因而同意加强防务。

1938年12月，在罗斯福的倡议下，泛美会议通过《利马宣言》，反映出美洲国家反法西斯的决心。

1939年9月，德波战争爆发之后，罗斯福不得不发表正式中立声明并实施中立法。说服国会废除禁运条款实行现购自运原则。

1940年5月，英法联军经德军打击而溃败。罗斯福要求国会追加国防拨款，加强战备。为了获得共和党人的支持，罗斯福任命亨利·史汀生为陆军部长，弗兰克·诺克斯为海军部长。

第三个总统任期

1940年，由于世界战争频繁，为保证美国对外政策的一致性，美国人特别是孤立主义者不赞成领导人中途易人，所以55%的选民还是选择了罗斯福。因此罗斯福终于打破了美国"国父"乔治·华盛顿总统确立的传统,第三次当选为美国总统。

1941年3月,国会通过的租借法案(总统有权将武器装备租借给与美国安全有关的国家)使美国处于非交战状态,是美国积极干预反法西斯战争的重要里程碑。

1941年6月22日,苏德战争爆发之后,罗斯福谴责德国的侵略,宣布美国将援助苏联。8月,罗斯福和丘吉尔在纽芬兰举行会谈并发表"大西洋宪章"。该宪章宣称美国和英国不追求领土扩张,也不愿有违背有关民族意愿的领土变更,尊重各民族选择其政府形式的权利。

1941年12月7日,日本偷袭珍珠港,太平洋战争爆发。德国和意大利对美国宣战。美国则向日本、德国和意大利宣战,正式参加第二次世界大战。为了赢得战争,罗斯福下令实施战争动员和改组军队指挥机构。

罗斯福:国会珍珠港演说

罗斯福在20世纪40年代唤醒了美国对外干涉主义,同时他决定在二战后建立一个维持世界和平的组织——联合国。1942年元旦,在罗斯福的倡导下,美、英、苏、中等26个国家的代表在华盛顿签署《联合国家宣言》,国际反法西斯同盟正式形成。

从1943年起,同盟国由战略防御转为战略进攻。为了协调盟国的作战行动和探讨盟国的战后政策,罗斯福先后与盟国首脑举行一系列重要会议。

1944年6月5日,盟军在法国诺曼底登陆,实施"霸王计划",欧洲第二战场形成。

第四个总统任期

1944 年 11 月 17 日，罗斯福再次以 53％的得票率第四次当选为美国总统。

1944 年他召开了一系列会议，在财政、贸易、食品和农业等领域实行比较开放的政策。总之，他看住了美国，他是唯一能够阻止美国重犯孤立主义错误的人。

1945 年 2 月，罗斯福和丘吉尔、斯大林在克里米亚半岛举行雅尔塔会议。会议主要讨论战后对德国的处置、波兰与东欧政府、联合国、苏联对日作战等问题。会议重申纳粹德国必须无条件投降。

雅尔塔会议"三巨头"

在这一任期里，罗斯福只担任了 73 天职务就在佐治亚州与世长辞了。

罗斯福出殡

罗斯福无疑是一个时代的伟人，但又是一个执着地追求美国现实利益的总统，他的行为方式更多地体现出了实用主义的倾向。正是这种不拘泥于教条理论的务实态度，才使罗斯福在内政和外交方面取得了前所未有的成就。历史学家和政治学家们一致认为，罗斯福与华盛顿和林肯是美国历史上最伟大的三位总统。

人物逸事

奇怪的祝福

罗斯福5岁时跟随父亲去见当时的总统克利夫兰，小小的罗斯福给总统留下了深刻的印象。临走时，总统却给了他一个奇怪的祝福："祈求上帝永远不要让你当美国总统。"可是他却成了美国历史上执政时间最长，也是最有威望的总统之一。

我的狗在乎

在1944年的一次访问期间，罗斯福不慎将他的爱犬法拉丢在了阿拉斯加的阿留申群岛上，为了找回法拉，他竟然下令派遣一艘驱逐舰去营救法拉。此时，正值总统大选之际，共和党人借此机会对其大加攻击，罗斯福大胆回击："对于共和党人的攻击，我不在乎，我妻子不在乎，我的儿子也不在乎，但我的狗法拉，它在乎！"罗斯福语出惊人，迅速变被动为主动，重新赢得选民支持。如今，在华盛顿的罗斯福塑像旁，也伫立着法拉的塑像，它的小脑袋已经被络绎不绝的游客摸得光滑如镜。

连任感想

1944年3月25日，罗斯福第四次连任美国总统。《先驱论坛报》的一位记者采访他，就他连任总统之事问他有何感想。罗斯福笑而不答，请记者吃一片三明治，记者觉得这是殊荣，很快就吃下去了。罗斯福又请他吃第二片，记者受宠若惊，又吃下去了。这时，罗斯福又请他吃第三片，虽然肚子已不需要了，但他还是硬着头皮吃下去。这时罗斯福微笑着说："现在已经不用回答你的问题了，因为你已经有了亲身的感受。"

集邮大家

罗斯福也是一位集邮大家，但鲜为人知的是：他还是一位高产的邮票设计师，一生共设计了183枚邮票，其中8枚还获过奖。罗斯福设计的第一枚邮票是"南极探险"邮票。罗斯福的好朋友伯德在准备南极探险的时候发生了资金短缺，罗斯福决定亲自设计、发行一枚南极探险的纪念邮票来资助伯德。

他要求美国邮政将贴有这枚纪念邮票的信件投递到美国在南极的小美洲基地，盖戳后寄回，作为一个集邮老手，总统深知集邮者会为一个珍贵的南极基地纪念邮戳而慷慨解囊，于是，这种加盖"小美洲"纪念戳的实寄封收费53美分，其中3美分是南极探险邮票的面值，另外50美分是"盖戳费"，全部用于赞助伯德的南极探险。